단호하고 뻔뻔하게 내 기분 지키는 법

호시탐탐 나를 노리는 **일곱 가지 기분 도둑** 퇴치하기

단호하고
뻔뻔하게
내기분 지키는법

크리스티안 퓌트예르, 우베 슈니르다 지음 | **박정미** 옮김

가디언

내 행복은 내가 지킨다

행복과 관련된 논의는 이제 모든 사람이 고민하는 주제가 되었다. 그러나 '행복해지려면 어떻게 해야 할까?'라든가 '무엇이 나를 행복하게 만드는가?'와 같은 문제에 답을 구한 사람은 거의 없다. 간단한 해법 같은 것이 있을 수 없는 문제이기 때문에 사람들은 조언을 듣고 싶어 한다. 그러니 이미 오래전부터 행복에 관한 조언서가 꾸준히 베스트셀러 순위에 드는 것도 당연하다. 서점들이 특별 코너를 마련하여 다양한 행복 지침서를 선보이는가 하면 잡지나 신문, 인터넷에도 행복에 관한 최근 연구 결과가 끊임없이 실린다. 또 자칭 행복 전도사라는 사람들은 방송 프로그램에 출연해 행복으로 가는 최선의 길을 가르쳐주려 애쓰기도 한다.

하지만 우리는 '바라는 것들을 쭉 적은 다음, 그것을 산타클로스에게 전하는 것으로 충분하다'고 말하는 행복 전도사들과는 생각이 다르다. 책상을 깨끗하게 정리하는 것만으로 더 많은 행복과 만족을 얻을 수 있다는 말도 믿지 않는다. 그리고 단시간 내에 행복한 삶을 가져다준다는 '10가지 계획'이니 '7단계 프로그램' '1,000가지 놀라운 비결' 같은 것에 대해서도 회의적이다. 이런 방법들은 개인에게만 초점을 맞추고 있다는 맹점이 있다. 삶의 기쁨을 더 많이 누리길 원한다면, 개인의 삶뿐 아니라 주변 환경을 살펴보는 일 역시 소홀히 해서는 안 된다.

당신의 행복은 오로지 '조용한 방 안에서 홀로 자신을 위해 무엇을 하는가' '어떤 개인적 목표를 추구하며 또 어떤 사적인 소망을 가지고 있는가' 등의 문제에만 달려 있지 않다. 행복은 실험실과 같은 인위적인 환경이 아니라 사회적 맥락 안에서 만들어진다.

그러므로 당신의 주변 환경을 이루는 사람들을 집중적으로 조명해볼 필요가 있다. 특히 일상에서 문득 '모든 일이 지금보다 원만하게 진행될 수 있지 않을까?'라든가 '더 좋은 분위기를 만들 수 있지 않을까?' 혹은 '더 평온하고 조화로운 길이 있지 않을까?' 하는 의문을 갖는 일이 많아졌다면 더더욱 그렇다. 왜냐하면 우리의 기분이 좋은가, 좋지 않은가 혹은 미래를 더 낙관적으로 바라보는가, 그렇지 않은가의 여부는 우리 자신한테만 달린 것이 아니라 우리가 일상에서 접하는 사람들에게서 끊임없이 영향을 받기 때문이다.

타인의 영향을 과소평가해서는 안 된다. 우리는 다른 사람들과 끊임없이 부대끼고 그들의 생각을 접하며 살아간다. 자신이 이해받지 못한다거나 의견이 진지하게 받아들여지지 않아 불행하다는 느낌이 들 때가 많다면, 혹시 당신의 기분을 망쳐놓기 일쑤인 사람들과 너무 많은 시간을 보내고 있지는 않은지 근본적으로 따져보아야 한다.

행복을 찾고 있지만 좀처럼 행복한 순간을 누리지 못하는 사람들은 의지가 부족해서 그런 것이 아니다. 가장 큰 문제는 내 주위의 누군가가 나를 행복하지 못하도록 방해한다는 사실을 모르는 것이다. 그래서 우리는 당신 주변에 행복한 삶을 방해하는 이들이 존재한다는 사실을 보여주고자 한다. 우리의 관심사는 당신이 더 이상 부정적인 영향력에 속수무책으로 당하지 않도록 그 정체를 폭로하는 것이다.

그렇다고 해서 주변 사람들을 무조건 탓하라는 의미는 아니다. 당신의 배우자나 직장 동료, 이웃이나 스포츠 동호회 친구들은 태어날 때부터 당신을 언짢게 만들 마음이 있던 것은 아니다. 우리가 조사한 바에 따르면 그 사람 역시 어떤 파괴적인 세력의 영향을 오래 받아 어느새 그렇게 변해버린 경우가 많았다. 파괴적인 세력에 대해서는 뒤에 자세히 이야기할 것이다. 그러니 그들을 너무 미워하지는 말되, 부정적인 영향력은 충분히 경계하는 것이 좋다.

전문 상담가이자 코치 겸 트레이너로서 우리는 지난 15년간 삶에 변화를 일으키고자 하는 사람들과 상담을 해왔다. 상담 시간에 그들은 직장에서나 가정에서 좌절하는 순간들을 우리에게 솔직히 털어놓았다. 그래서 우리는 삶의 밝은 면뿐 아니라 사람들의 근심, 걱정이나 절망 같은 것과도 친숙하다. 같은 맥락에서 우리는 사람들이 "행복해지려면 도대체 어떻게 해야 할지 모르겠다"는 막막한 심정을 이야기하는 것도 수없이 봐왔다.

사람들은 누구나 균형 잡힌 관계와 안락한 삶, 그리고 편안한 감정을 추구한다. 또한 다른 이들과 즐겁게 어울리고, 지금보다 더 행복한 삶을 추구하고자 하는 욕구가 있다. 하지만 안타깝게도 그러기 위해 자신이 무엇을 해야 하는지, 그리고 무엇이 그 간절한 소망을 방해하는지 아는 사람은 극히 드물다.

이제 우리는 당신에게 비밀을 폭로하고자 한다. 이 책은 특정한 유형의 인간이 일상에서 작은 행복을 찾는 당신의 진지한 노력을 방해한다는 것을 보여줄 것이다. 우리는 당신이 간교한 이들의 전략을 간파하고, 더 이상 행복을 빼앗기지 않게 되기를 바란다.

이 시점에서 한 번쯤 시선을 반대로 돌릴 필요가 있다. 당신이 다른 사람들에게 둘러싸여 사는 것처럼 당신의 배우자나 직장 동료 역시 다른 사람들에게 둘러싸여 살며, 그들에게는 당신이 바로 그 '다른 사람들'에 해당하기 때문이다. 솔직히 당신도 분명 괜히 징징거리거나 지나치게 불신하고, 거슬리게 잘난 척하거나 안달복달 조바심을 내고, 그럴싸한 말로 생색만 낸다든가 허위 정보에 휘둘리고, 타성에 젖게 되는 일이 가끔은 있을 것이다. 혹시 당신이 기분을 망치는 훼방꾼들에게 사로잡혀 다른 사람들의 기분까지 망치고 있지는 않은지, 또 그렇다면 어떤 해결책이 있는지에 대해서는 마지막 장章에서 알아볼 수 있다.

수년간 상담을 해오면서 우리는 기분을 망치는 이들의 전략을 효과적으로 차단할 수 있는 특수한 방법들을 개발했다. 이를테면 확실한 거리 두기 방법이나 효과적인 방어법, 더 느긋해지기 위한 전략 같은 것들이다. 우리가 알고 있는 지식 중 가장 중요한 부분들을 기꺼이 소개하고자 하는 마음으로 이 책을 쓴다.

물론 독자들이 우리의 팁을 무턱대고 받아들이거나 우리 제안들을 완벽하게 생활화하기를 기대하는 것은 아니다. 우리는 누구나 나름의 주변 환경과 독립된 인격을 가지고 있음을 존중한다. 그러므로 인쇄된 종이 몇 장으로 이 세상의 모든 문제와 실망 그리고 좌절을 해결할 수 있다고 주장할 생각은 없다. 우리는 모두에게 항상 효과가 있는 행복의 방법 같은 것을 제시해줄 수 없다.

다만 당신이 새로운 관점이나 인식, 방법 등을 깨닫게 된다면 그것으로 족하다. 그리고 당신이 '아, 이 훼방꾼들이 또 내 행복을 빼앗으려 하는구나. 하지만 어림없지!'라고 생각하는 일이 더 많아진다면 우리는 감격할 것이다. 행복을 찾으려는 온갖 시도에 이미 지친 사람이든, 앞으로 행복하고자 하는 사람이든, 혹은 이미 누리고 있는 행복을 지키려는 사람이든, 당신이 어떤 상태이든 간에 이 책을 읽게 된 것을 환영한다!

크리스티안 퓌트예르, 우베 슈니르다

차례

1장

행복은
나만의 문제일까?

"삶이란 하나의 파티와 같다."

내 행복을 훔쳐 가는 교활한 사람들이 정말로 존재할까? 이 질문은 아주 중요하다. 이런 문제들은 조용한 방 안에서 머리를 싸매고 생각을 해봤자 절대 답을 얻을 수 없다. 행복이 오로지 나만의 문제인지, 아니면 일상에서 마주치는 사람들이 정말 내 행복에 중요한 영향을 미치고 있는지 궁금하다면 실제로 실험을 해보는 것이 좋다. 그러면 다른 사람들이 당신에게 어떤 영향을 미치는지 분명히 드러날 것이다.

위험한 주제, 행복

파티나 축제와 같이 자유롭고 스스럼없는 모임이 실험하기 적당한 기회다. 그런 장소는 얼마간 시간이 지나고 나서(참석자 대부분이 알코올 등에 취해 분위기가 부드럽게 무르익으면) 행복에 관한 심오한 토론을 연출하기에 딱 알맞다.

토론을 막 시작했을 때 뜻밖에 모두들 침묵을 지키더라도 이상하게 생각하지 말라. 행복이라는 것이 위험한 주제라서 그런 것뿐이다. 대부분은 파티에서 가볍게 대화할 때 '행복'이라는 심각한 주제보다는 요즘 날씨나 지난번 여행 또는 직장에서의 승진 등 일상적인 이야기에 부담을 훨씬 덜 느낀다. 날씨나 여행, 승진 따위가 정말 행복이라는 고차원적인 주제와 관련이 없는 것인가, 하는 의문에 대해선 다음에 논하기로 하고, 일단 다시 파티로 돌아가보자.

처음에는 토론할 분위기를 조성하기가 쉽지 않을 것이다. 하지만 어떤 식으로 토론을 시작할지에 대해 너무 많이 고민하지 말라. 거창할 것 없다. 그저 잠시 대화의 주도권을 잡으면 된다. 식사 자리나 발코니의 흡연석에서, 혹은 정원에서 잡담을 하거나 화장실 앞에 줄을 서 있을 때 그냥 상대방에게 직접적으로 물어보라. "행복하신가요?" 그다음에는 "당신을 행복하게 만드는 것은 무엇인가요?"라는 식으로 질문을 이어갈 수 있다. 아니면 "행복이란 대체 뭘까요?"라고 물어볼 수도 있다.

연령대와 교육 수준, 국적 그리고 성별을 불문하고 모든 사람에게 인기 있는 주제가 다 그렇듯이, 행복과 관련된 주요 질문에 따르는 답변과 반응 역시 제각각이다.

우리는 이 방법을 직접 시험해보았다. 사람들에게 앞서 열거한 질문들을 던지면서 행복이라는 주제에 관한 토론을 유쾌한 분위기로 이끌어내곤 했다. 하지만 이런 시도가 계속되면서 이상한점을 한 가지 발견했다. 행복에 관한 토론은 희한하게도 매번 엉뚱한 방향으로 흘러간다는 것이다. 대화가 시작되면 잠시 후 좌절감과 불안 그리고 공격적인 태도가 뒤섞여, 곧 폭발해버릴 듯한 분위기가 조성되곤 했다.

그래서 행복에 관한 토론은 일요일 저녁에 TV로 방영되는 정치 토론회와 크게 다르지 않게 진행된다. 참석자들 모두 처음에는 상냥하고 진지한 모습을 보이며 관대한 태도를 취한다. 당연히 다른 사람의 생각도 존중할 준비가 되어 있는 듯 보인다. 그러나 겉치레에 불과한 화기애애한 분위기가 사라지고 나면 토론 주제에 따라 흥분하거나 절망한 참석자들이, 서로 덤벼들 기세로 논쟁을 벌이기 시작한다.

제일 먼저 나서서 토론을 좌지우지하는 사람들은 보통 쉽게 흥분하는 이들이다. 그들은 젖 먹던 힘을 다해 떠들어대며 공감을 불러일으키려 애쓴다. "행복하냐고? 우리 사회가 돌아가는 꼴을 보고 누가 행복하다고 할 수 있겠어?" 그러면 곧 절망의 늪에 빠진 자들이 배턴을 이어받는다. 그들은 첫 번째 그룹이 주장한 운명론을 확대, 재생산하고 그들의 절망감을 옹호하며 불안감을 적극적으로 표출하기 시작한다. "그 말이 맞아. 상황은 더 이상 나아지지 않을 거야. 나아지기는커녕 모든 게 지금보다 더 나빠질 것이 뻔해!" 처음에는 천천히 돌던 부정적인 회오리가 점점 더 빨라진다. 인류의 생존을 위협하는 첫 번째 문제가 두 번째 문제로, 두 번째 문제가 세 번째 문제로, 그렇게 끝없이 꼬리를 물고 이어지는 것이다.

얼마 후 정신없이 돌아가던 소용돌이가 걷히고 나면, 사람들은 마치 세상의 종말이 시작된다는 얘기라도 들은 것처럼 당황스럽고 절망적인 표정으로 아래만 내려다본다. 분위기는 엉망이 된다.

물론 비관론자나 우울증 환자들만 발언하는 것은 아니어서, 만성적으로 잘난 척하는 사람이나 싸움꾼들도 나름대로 대화에 끼어들 방법을 찾는다. "그런데 그건 순전히 지난 몇 달 간 당신이 취한 태도 탓이야! (당신은 듣고 싶지 않겠지만 이젠 말을 해야겠어.) 당신이 내 말을 들었더라면 우리의 상황은 완전히 달라졌을 거야." 이 유형들은 더 이상 참지 못하고 불쑥 대화에 끼어든다. 그리고 자신들은 상대방에 대한 인신공격을 시작하면서 사람들에게는 제발 감정에 치우치지 말아달라고 요구한다. 그들은 문제를 해결하는 것보다 누가 대화에서 우위를 차지하며 누가 다른 사람을 웃음거리로 만드는가, 그리고 누가 더 거세게 몰아붙여 상대방을 도망가게 만드는가에 더 관심이 있다.

이들을 뭐라고 부르면 좋을까?

당신은 우리가 무슨 말을 하고 싶어 하는지 이미 짐작했을 것이다. 우리가 앞에서 묘사한 파티장은 삶, 그러니까 바로 당신의 삶이다. 그리고 대화 중에 직·간접적으로 당신에게 영향을 미치는 사람들은 친구나 지인, 직장 동료, 친척, 배우자 등 당신의 주변 사람들이다.

조심하지 않으면 당신의 행복은 주변 사람들의 불만스러운 말이나 공격적인 반응에 의해 방해를 받게 된다. 불만스러운 말을 하는 사람들은 보통 남의 흥을 깨기가 일쑤다. 그들은 무슨 수를 써서라도 당신의 행복을 막고 싶어 할 것이다. 또 공격적인 반응을 보이는 사람들은 자신이 행복하지 않다는 사실이 드러날까 봐 시끄럽게 소란을 피워 자신의 내적인 문제나 좌절을 감추려 든다.

이들은 왜 이러는 것일까? 당신과 무슨 원수를 졌기에 당신의 행복을 방해하려 하는 것일까? 앞서 잠깐 언급했듯, 이들이 태어날 때부터 당신의 행복을 망치기로 작정한 것은 아니다. 우리가 진행했던 연구에 따르면, 이들은 어떤 작은 악마들의 영향을 받고 있다. 그 악마들의 주된 일은 사람들을 꾀어 그 자신은 물론 주변 사람들까지 행복하지 못하도록 만드는 것이다.

우리가 행복해지는 것을 방해하는 악마가 끊임없이 주위에서 우리는 노리고 있다는 사실을 명심하자. 그리고 그들은 주변 사람의 모습으로 우리에게 나타나는 경우가 대부분이라는 사실 역시 꼭 기억해두자.

이제 이 악마에게 새 이름을 지어주는 것이 좋겠다. 그러면 그들을 명확히 식별하는 데 도움을 줄 것이다. 이제부터 우리는 이 프로 행복 훼방꾼들을 '기분 도둑'이라고 부르겠다.

여기까지의 중간 결과를 정리하면 다음과 같다.

- 우리가 행복해지는 것을 방해하려 드는 교활한 사람들이 우리주변에 실제로 존재한다.
- 이렇게 파괴적인 사람들은 우리의 행복을 가로막을 기회를 절대 놓치는 법이 없다.
- 이들은 주로 주변 사람의 모습으로 나타나며, 그 사람은 물론 당신까지 불행하게 만들려는 목적을 가지고 있다.

당신의 행복이 끊임없이 위협당하고 있다는 사실을 혼자 감당하게 내버려두지는 않을 테니 걱정하지 말라. 우리는 당신과 함께 은밀하고 능수능란한 기분 도둑의 정체를 낱낱이 밝힐 것이다. 또한 그들을 해가 되지 않는 존재로 만들거나 그들의 접근을 막을 수 있는 이런저런 방법들은 소개할 것이다.

2장

기분 도둑, 그들의 정체는?

"기분을 망쳐놓는 이 기분 도둑들의 이름과 얼굴을 아는 것만으로도
벌써 반은 성공한 것이나 마찬가지다."

당신이 행복해지는 것을 방해하는 사람이 누구인지 벌써 감을
잡았을지도 모르겠다. 하지만 그 정도로는 충분하지 않다. 기분
도둑의 위험성에 효과적으로 대처하려면 이 훼방꾼들에 대해 더
많이 알아야 한다. 그런데 문제는 기분 도둑들이 자신의 모습을
순식간에 바꿀 수 있다는 데 있다. 그들은 우리와 게임을 계속하
기 위해 정체를 드러내지 않고 어둠 속에 머무르려 한다. 게다가
기분 도둑들은 둘씩 또는 셋씩 무리를 지어(그렇게 여럿이 있는 것만
으로도 불안과 공포감을 확산시키는 효과가 있다) 등장하기를 좋아한다.

다행스럽게도 당신은 기분 도둑의 정체를 확인하는 위험천만

하고 불쾌한 과제를 혼자 수행하지 않아도 된다. 우리는 당신을 위해 먼저 수백 번 전장에 몸을 던지면서 교활한 그들의 얼굴을 똑바로 보았다. 자신의 적을 약점까지 잘 알려면 직접 싸워보는 수밖에 없다는 말은 진리이나, 다행히 당신은 그 싸움에서 우리의 도움을 받을 수 있다. 우리가 당신을 준비시켜주겠다. 아무 준비도 없이 싸우러 나갔다가는 다시 회복되기 힘든 상처를 입을지도 모르는 일이다.

솔직히 고백하건대, 우리도 단 둘뿐이었다면 기분 도둑에 맞설 용기를 내지 못했을 것이다. 우리가 무수한 싸움과 대결을 벌이는 동안, 우리에게 지원을 아끼지 않고 든든한 발판이 되어준 동맹군이 있다. 우리도 사람이기에 절망스러운 상황에서는 당연히 무력감을 느낀다. 그럴 때일수록 다른 사람에게서 듣는 몇 마디 위로는 정말 소중했다.

그래서 우리는 이 자리를 빌려 국제 기분 도둑 연구 협회에 감사의 마음을 전하고 싶다. 또 철학이나 심리학, 사회학, 신경 생물학 등 행복 연구에 도움이 되는 모든 분야의 연구자들에게 존경심을 표하는 바다. 그들의 연구가 없었더라면 우리의 싸움은 헛된 것이 되고 말았으리라.

이제 다시 본 주제로 돌아와서, 기분 도둑이란 대체 누구인가? 우리는 무엇으로 제때 그들을 알아볼 수 있을까? 무엇이 그들을 그토록 위험한 존재로 만드는가? 그리고 어떤 식으로 그들은 우리가 행복해지는 것을 막는가?

우리는 오래전부터 행패를 부려온 이 위험한 도둑들의 정체를 밝혀내는 데 성공했다. 일단은 개략적으로 이 기분 도둑들을 소개하고자 한다. 그리고 이후의 장에서 이 기분 도둑들을 하나씩 개별적으로 다룰 것이다. 기분 도둑들이 어떤 상황에서 예기치 않게 모습을 드러내는지, 그 도둑들을 없애기 위해 당신이 할 수 있는 일은 무엇인지는 그때 차근차근 이야기할 생각이다.

혹 그 과정에서 묘사들이 지나치게 과장되었다는 느낌을 받을 수도 있다. 그런 묘사는 순전히 의도적이다. 상담이나 세미나에서 우리가 지키려고 애쓰는 원칙 가운데 하나가 '사람들에게 진실을 말하고자 할 때는 그들을 웃게 만들어라! 그러지 않으면 그들은 귀를 닫아버린다!'는 것이기 때문이다.

자, 이제 기분 도둑들과 대면하여 그 얼굴을 똑바로 들여다보기 전에 크게 한번 심호흡을 하라. 일곱 가지 유형의 기분 도둑을 소개한다.

- 프로 불만러
- 불신 끝판왕
- 잘난 척쟁이
- 안달복달 바이러스
- 뜬구름 잡기 달인

- 미디어 몬스터
- 과거에 사는 꼰대

이 목록만으로는 그렇게까지 위협적이라든가 두려운 느낌이 들지 않을 수 있다. 하지만 기분 도둑의 순진해 보이는 표정에 성급하게 마음을 누그러뜨려서는 안 된다. 당신이 이 리스트를 잠깐 훑어보고 나서 다 알겠다는 듯 고개를 끄덕이고, 이 기분 도둑들의 위험성을 진지하게 생각하지 않고 넘어간다면 큰 실수를 저지르는 것이다. 그랬다가는 기분 도둑들의 음험한 속임수에 말려 행복을 빼앗기게 될 뿐 아니라, 심지어는 기분 도둑들과 공범이 되어 다른 사람들의 행복을 빼앗는 일에 동조하게 될 수도 있다.

이제 겨우 시작일 뿐이다. 기분 도둑에 대해 몇 가지 알게 된 것을 가지고 자만심에 빠져 마치 기분 도둑의 위협에서 벗어나기라도 한 것처럼 착각하지 말자. 그런 착각은 결국 당신에게 뒤늦은 후회를 안겨줄 것이다.

당신의 작은 행복의 섬을 안전하게 보호하라. 그리고 사람들을 못살게 괴롭히는 존재에 대한 우리의 신뢰할 만한 정보들을 놓치지 말라. 마지막으로 특급 수배범들인 7대 기분 도둑이 얼마나 위험한 존재인지 늘 명심하라.

프로 불만러

우리는 하루에도 몇 번씩 프로 불만러들을 만난다.

프로 불만러가 하는 일은 간단하다. 사람들을 푸념에 중독시켜 늘 징징거리고 불평하게 만드는 것이다. 만일 불평할 구실이 떨어지면 금단증상을 느껴, 곧 다른 구실을 어떻게든 찾아내게 만든다. 그러므로 프로 불만러가 잠시 긍정적인 눈빛으로 우리를 바라보다가 이내 분위기를 바꾸고 자신의 본모습을 드러내어 불만에 찬 흉한 모습을 보여준다 해도 전혀 이상할 것이 없다.

그에게는 날씨, 직업, 정치, 부부 관계, 육아, 휴가 등 어떤 주제라도 훌륭한 재료가 된다. 그는 사소한 것에서도 어떤 이유든 찾아내 구차한 구실을 붙이며 집요하게 물고 늘어지다가 본격적으로 푸념을 하기 시작한다. 그렇게 비통해하고 훌쩍거리다 보면 어느덧 탓할 대상이 열 가지도 넘게 늘어난다. 그가 처한 상황에 대한 책임은 '다른 사람들'이나 '좋지 않은 시기' '부패한 사회' 등에 있다. 이처럼 능숙한 책임 전가는 단조롭게 반복되는 '어차피 뭘 해도 소용이 없을 텐데'라는 주문으로 이어진다.

완곡한 분석이나 조심스러운 해결책으로 그 사태를 규명하려 들면 그는 잠시 진정을 하는 듯 보이지만, 곧 다시 다른 근거를 들어 징징거리는 훼방꾼의 자리로 돌아간다. 그는 상대방이 어떤 이해심을 보이든, 어떤 근거를 갖다 대든, 또 어떤 도움을 제안하든 개의치 않고 자신의 역할을 수행한다. 다른 사람이 어떤 제안을 하든 신경 쓰지 않고 즐기듯 한숨을 쉬어가며, 삶이 얼마나 비참한 것인지 모른다는 둥, 자신의 잔인한 운명에서 벗어날 수 있는 사람은 지구상에 아무도 없다는 등 하소연을 해댄다.

불신 끝판왕

불신 끝판왕은 프로 불만러와 어울리기를 좋아한다. 이 유형의 기분 도둑은 모든 것에 부정적인 태도를 가지면서, 자신의 그런 부정적인 태도를 어쩔 수 없다고까지 생각한다. 그리고 '순탄치 못했던 어린 시절'이나 '원만하지 못한 관계' '아주 최악이었던 지난번 사장' 등을 탓하곤 한다.

불신 끝판왕이 하는 일은 간단하다. 사람들이 타인을 믿지 못하도록 하는 것이다. 그는 사람들에게 '맞기 전에 먼저 공격하는 것이 낫다'고 속삭이며, 공격이 최선의 방어라는 원칙에 따라 행동하도록 한다. 그래서 이 불신 끝판왕은 마음속 깊이 뿌리박은 이 기본 원칙에 따라 시도 때도 없이 닥치는 대로 주먹을 휘둘러 댄다.

그에게 친절하게 말을 걸면, 그는 상대방이 유치한 속임수를 써서 자신을 속이려 한다고 추측한다. 극장 매표소나 계산대에 줄을 섰을 때 그에게 순서를 양보하면, 그는 뒤에서 자기를 웃음거리로 만들려는 수작이라고 의심한다. 뿐만 아니라 그는 좋은 뜻에서 해주는 조언이라도 자신이 비판받을 기색이 보이면 곧바로 온갖 무기를 총동원하여 조언자를 공격한다. 그에게 가장 중요한 것은 자신을 방어하는 것이다. 그 목적을 위해서는 어떠한 수단도 정당화된다.

그는 새롭게 사람들을 만나면 날카로운 눈초리로 일단 누가 적인지부터 구별해내려고 한다. 그에게 세상은 친구가 아닌 적들로만 가득 차 있는 곳이기 때문에 그 일은 퍽 쉬운 편이다. 만일 아무 준비 없이 불신 끝판왕을 만난다면, 당신의 기분이 엉망이 되는 것은 시간문제일 것이다.

잘난 척쟁이

세 번째 기분 도둑은 바로 잘난 척쟁이다. 행복을 방해하는 이 유형은 프로 불만러나 불신 끝판왕과 달리 알아보기가 쉽지 않다. 이 기분 도둑은 잠깐 마주치는 정도로는 알아채기가 거의 불가능하다. 이 유형이 기분 도둑으로서의 잠재력을 충분히 발휘하려면 어느 정도 시간이 필요하다. 그 때문에 그는 사람들이 어울려 많은 시간을 같이 보내는 곳에 있기를 좋아한다.

가족 내에서나 직업상 만나는 사람들, 또는 친인척 관계에서 우리는 흔히 잘난 척쟁이를 만난다. 그런 곳에서 그는 자신의 나쁜 재주를 부리는 데 필요한 여유 공간을 찾는다. 사실 우리는 이미 이들이 선량한 모습으로 위장하여 우리를 궁지에 빠뜨리는 일을 수도 없이 겪어보았다. 처음에는 앞에 나서지 않고 소극적인 태도를 취하며 신뢰를 쌓은 다음 가차 없이 공격을 가하는 것이다. 상황은 항상 같은 식으로 진행된다. 짐짓 소극적인 태도를 취하던 이 유형은 어느새 그가 우위를 점하고 싶어 하는 주제로 대화를 옮겨 간다.

예컨대 그가 당신의 집을 방문한다면, 처음에는 상냥하게 고개를 끄덕이며 당신의 새 옷에 찬사를 보낼 것이다. 하지만 금세 소비 풍조로 병든 사회니, 거대 기업들의 비양심적인 이윤 추구니, 제3세계의 의류 공장에서 일하는 아이들의 열악한 노동 여건 등을 운운하면서 당신의 기분을 망쳐놓는다. 그렇게 그는 매번 비열한 자신의 목표를 달성하는 것이다. 그의 목표란 (어디까지나 그의 관점에서 볼 때) '반박할 수 없는 객관적인 논거와 부정할 수 없는 실제 사실'을 들이대 당신의 기를 꺾는 것이다.

그러니 잘난 척쟁이를 만나면 조심하라. 그는 조금도 망설임 없이 자신의 '올바른' 견해로 당신의 기분을 망쳐놓을 기회를 호시탐탐 노리고 있으니 말이다.

안달복달 바이러스

    기분 도둑에 관한 여러 가지 새로운 지식을 한꺼번에 소화해 내기는 쉽지 않을 것이다. 다행히도 이번에 소개할 안달복달 바이러스는 매우 간단한 편이다. 이 기분 도둑의 경우 이름으로 모든 것을 짐작할 수 있을 테니, 긴말이 필요 없을 듯싶다.

    안달복달 바이러스는 성과 위주 사회를 상징하는 기분 도둑이다. 누구나 안달복달 바이러스를 알고 있으며 또 누구나 그것을 피하고 싶어 한다. 하지만 현실은 어떤가. 매일같이 무언가에 쫓기며 스트레스를 받는 사람이 대부분이다. 이것이 안달복달 바이러스의 위력이다. 우리는 '본질적인 것을 위한 시간을 더 많이 가져야 한다'든가 '바쁠수록 천천히 가라'는 말을 이미 알고 있지만, 안달복달 바이러스에게서 벗어나기는 쉽지 않다.

    이 기분 도둑은 아름다운 순간을 즐길 여유나 마법 같은 순간에 대한 느낌을 앗아 가기 위해 어떻게 해서든 새로운 방책을 찾아낸다. 보통 그런 순간에 이 기분 도둑이 쓰는 전략은 중요한 약속이나 급한 용무, 또는 피해 갈 수 없는 의무를 들먹이며 재촉하는 것이다.

    예를 들자면, 아침마다 가지 말라고 엄마나 아빠를 붙잡고 우는 아이가 있다. 그때 부모를 신경질적으로 반응하게 만드는 것이 바로 안달복달 바이러스다. 아이들은 왜 하필 시간이 없을 때만 골라서 애정을 표현하고 싶어 하는 것일까?

아이를 억지로 떼어놓은 다음 안달복달 바이러스에 감염된 부모는 허둥지둥 직장으로 간다. 가서는 숨 돌릴 틈도 없이 중요한 약속이나 나중으로 미룰 수 없는 통화 등 급한 일을 정신없이 처리하고, 입에 거품을 문 채 직장에서 다시 유치원으로 아이를 데리러 간다. 혹시 아이가 외투를 걸치거나 신발을 신을 때 미적거리기라도 하면 참지 못하고 사랑하는 아이에게 잔소리를 퍼부어댄다.

안달복달 바이러스가 불러일으키는 분주한 마음과 시간적 압박감 때문에 자신이 세상에서 가장 사랑하고 중요하다고 생각하는 사람들에게 상처를 입히는 것이다. 또 그것은 자기 자신에게 상처를 입히는 일이기도 하다. 그렇게 기분을 완전히 망치는 일이 너무 잦으면 아무리 지독한 안달복달 바이러스에 감염된 사람이라도 슬슬 양심의 가책과 함께 이래서는 안 된다는 생각이 들기 시작한다. 그렇지만 다음 날이 되면 어젯밤 했던 생각은 잊고 언제 그랬냐는 듯 다시 안달복달 바이러스의 영향력 아래 들어가고 만다.

뜬구름 잡기 달인

기분 도둑의 위험성을 따진다면 뜬구름 잡기 달인도 다른 도둑들 못지않으므로 조심해야 한다. 이 유형 역시 남의 눈에 띄지 않게 효과적으로 우리의 기분을 망친다.

뜬구름 잡기 달인은 비교적 지적 수준이 높은 주위 사람들을 통해 우리에게 다가온다. 그는 가진 지식을 바탕으로 그럴듯한 생각과 말을 하는 특징이 있다. 여기까지는 별문제가 없다. 문제는 그가 자신이 말한 것을 실천하는 데 극히 소홀하다는 것이다.

혹여 당신이 그 사실을 지적하려고 하면 이미 기분 도둑으로 변한 그는 자신이 가진 세련된 지식을 교묘하게 이용하여 당신의 의견을 반박하며 기분을 망치기 시작할 것이다.

이 유형의 방식은 맞서는 것이 거의 불가능할 정도로 교활하다. 처음에는 선량함의 가면을 쓰고 안전하게 얼굴을 가린 상태에서 시작하여 결국에는 사악한 독을 내뿜기 때문에 그만큼 대적하기가 힘들다.

그가 선호하는 위장술은 '근사하다'라든가 '기분 좋다' '흥분된다' '색다르다' '창의적이다'와 같은 말을 쓰는 것이다. 예를 들어 그는 배우자에게 "여보, 우리 둘이서 근사한 주말을 보냅시다!"와 같이 악의 없이 들리는 요구로 게임을 시작한다. 그는 누구나 근사하고 기분 좋은 것, 즐거운 것을 누리고 싶은 소망을 품고 있음을 잘 알고 있다. 이런 제안을 거절할 사람이 어디 있겠는가? 하지만 막상 '근사한 주말'을 실천에 옮겨야 할 때가 되면 그는 본색을 드러낸다. 약속대로라면 구체적으로 배우자가 원하는 것을 물어보며 같이 계획을 세워야 하겠지만, 그는 어쩐지 이처럼 현실적이고 자질구레한 노력이 거추장스럽게 느껴진다. 말하던 것과 달리 현실적인 노력은 귀찮은 것이다.

그래서 그는 상대방이 '근사한 주말'에 대해 설레는 기쁨을 표현하며 좋은 제안을 한다거나 새로운 아이디어를 내놓으면 본격적인 게임에 들어간다. 교묘한 말재주로 꼬투리를 잡아 '당신의 구체적인 제안에 문제점이 있기 때문에' 유감스럽지만 약속을 이행할 수 없겠다고 말하는 것이다.

우리가 어떤 제안을 하든 상관없이 뜬구름 잡기 달인은 능숙하게 요리조리 잘 피해 가면서 달변가답게 세련된, 그러면서도 무자비한 공격으로 우리를 몰아세운다. 우리가 더 이상 어찌할 바를 몰라 절망에 빠진 채 계획을 포기하고 묻어버릴 때까지 말이다. 이로써 뜬구름 잡기 달인은 사람들의 기분을 망치려는 자신의 목적을 달성한다.

미디어 몬스터

기분 도둑 모임의 최연소 회원은 바로 미디어 몬스터다. 이 기분 도둑은 시청각적으로 우리를 덮친다. 신문이나 라디오, 텔레비전과 같은 보조 수단을 이용하여 미디어 몬스터는 범죄 경력을 쌓기 시작했고, 오늘날에는 인터넷과 스마트폰까지 그 완벽한 도구로 이용하고 있다. 그렇게 이 몬스터는 최신 기술로 순진한 피해자들을 요리한다.

미디어 몬스터는 자신이 노리는 사람들의 약점을 정확히 파악하고 있다. 그는 사람들이 본능적으로 좋은 일이나 즐거운 소식보다는 대재난이나 부당한 일 또는 불행에 관한 뉴스에 더 적극적으로 반응한다는 것을 잘 알고 있다. 머리기사 제목에서 뚝뚝 떨어지는 피가 많을수록, 카메라 앞에서 애처롭게 우는 재난 피해자들이 많을수록 금상첨화다. 그에 반해 기쁜 사건이나 성공적인 활동, 만족스러운 얼굴 같은 것은 별로 탐탁스럽지 않게 생각한다.

우리가 정신을 차리고 미디어 몬스터를 비난하려 하면, 이 기분 도둑은 자기가 단지 사건을 있는 그대로 보도할 뿐이라고 변명을 늘어놓는다. 그러다가도 기회만 되면 죽어가는 사람들에게 카메라를 더 가까이 들이대고 그들의 끔찍한 상처를 HDTV로 생생하게 보여준다.

그러다 사람들이 비판하는 목소리가 더 높아지면, 미디어 몬스터는 바로 반격 태세를 갖추고 원망이 담긴 어조로 이야기한다. 자기는 사람들에게 중대한 사건에 대한 정보를 객관적으로 전해주려는 것뿐이라는 것이다. 그것은 결코 더러운 일이 아니며 자기가 하지 않더라도 다른 누군가가 꼭 해야 할 만큼 유익한 일이므로 제발 괜한 비난이나 적개심으로 자기를 성가시게 하지 말 았으면 좋겠다는 말도 덧붙인다.

미디어 몬스터와 가장 죽이 잘 맞는 동반자는 그렇지 않아도 자신의 우울함을 표출하기 위해 나쁜 소식을 찾고 있던 프로 불만러다. 그 둘이 합치면 환상의 기분 도둑 복식조가 된다. 이 복식조에게 적극적으로 대항하지 않는다면 언제나 근심과 걱정뿐인 삶을 살게 될 것이다.

과거에 사는 꼰대

우리가 마지막으로 다루게 될 기분 도둑은 과거에 사는 꼰대다. 이름만 들어도 짐작할 수 있듯이, 이 기분 도둑은 사람을 무기력하고 수동적으로 항상 똑같은 길만 가게 만들며 창의성과 호기심을 죽인다. 이 악마는 '늘 해오던 대로 하는 것이 가장 안전하다'는 모토를 가지고 우리 삶의 여러 영역을 파고든다. 습관이라는 이름으로 불리는가 하면, 여가 시간에는 지루함으로, 또 직업에서는 단조로움으로 불리기도 한다. 가족들과 함께 있을 때 서로 대화가 없음을 호소하거나 저녁마다 무료하게 그저 멍하니 텔레비전 앞에 앉아 있다면, 혹은 직장이 늘 단조로운 다람쥐 쳇바퀴 같은 느낌이 든다면 내가 과거에 사는 꼰대가 된 것은 아닌지 의심해볼 필요가 있다.

과거에 사는 꼰대에게는 아무리 좋은 아이디어를 가지고도 맞설 수 없다. 그에게 간단하면서도 효과적인 변화를 제안하면 오히려 역효과만 날 뿐이다. 그는 유감이라는 듯이, 혹은 불만스러운 어조로 "이미 모든 가능성을 다 시도해보았지만 갖은 노력에도 불구하고 결국은 하던 대로 하는 것이 최선이더라"는 말을 늘어놓을 것이다.

과거에 사는 꼰대는 문제를 해결하기 위해서는 하던 대로 더열심히 하는 것만으로 충분하다고 말한다. 그는 일에만 매달리느라 몸과 마음이 지칠 대로 지쳐 녹초가 된 프로젝트 책임자에게, 도전적인 프로젝트를 몇 개 더 맡으면 다시 활력을 찾을 수 있을 것이라고 속삭인다. 또 남자 친구와의 관계가 원만하지 못해서 절망에 빠진 여자에게는 두 사람의 문제나 갈등에 대해 지금 하는 방식대로 더 자주 그리고 더 열심히 남자와 이야기하면 관계가 좋아질 것이라고 부추긴다. 그런가 하면 외로워서 새로운 친구를 찾고 싶어 하는 사람들의 귀에 대고는 일요일 오전에 박물관(그곳에서는 유감스럽게도 잡담을 하면 안 된다)을 지금처럼 한 군데가아니라 세 군데씩 돌아다니다 보면 인연을 만날 수 있을 것이라고 속삭인다.

이렇게 과거에 사는 꼰대는 기분 도둑의 일곱 가지 유형 안에당당히 자리를 차지하고 있다. 이 기분 도둑은 늘 해오던 것을 똑같이 하게 만들면서 불행을 가져다주는, 그야말로 완벽한 행복 훼방꾼이다.

당신은 아마 이 일곱 가지 기분 도둑 외에도 목록에 꼭 올라야 할 훼방꾼을 더 떠올릴 수 있을지 모른다. 당연한 일이다. 기분 도둑들은 늘 새로운 모습으로 불쑥불쑥 나타나기 때문이다. 그러므로 기분 도둑이 겉보기에 안전하다고 하여 그들에 대해 너무 성급하게 결론지어서는 안 된다.

우리가 토대를 세운 기분 도둑 목록에 당신이 발견한 새로운 기분 도둑 유형을 보충할 수도 있다. 당신의 창의력과 상상력을 발휘해보라. 새로 발견된 유형에 대해 도움이 될 만한 지적을 해준다면 언제든 환영이다. 더불어 당신이 개인적인 경험을 통해 발견한 기분 도둑으로 목록을 더 풍성하게 만든다면, 그 리스트가 평생 당신에게 유용한 것이 될 수 있으리라.

우리가 학문적인 연구와 경험을 통해 확인한 이 일곱 가지 기분 도둑 목록은 하나의 틀로써 큰 도움이 되리라 생각한다. 기분을 망쳐놓는 이 악마들을 일단 알아보는 것과 그들의 전략이 매번 같은 식으로 진행된다는 것을 이해하는 것만으로도 이들의 뻔뻔한 시도에 당당히 맞설 수 있기 때문이다. 기분 도둑에게 한번 맞서본 사람은 각자가 처한 개별적 상황이나 행복에 관한 개인적 요구에 따라 단계적으로 발전을 거듭할 수 있는 기초 지식을 가지게 되는 셈이다.

　나아가 행복을 찾는 것에 특히 관심이 많은 사람은 계속해서 공부를 하거나 날마다 실질적인 연습을 하면서 기분 도둑을 막아 내는 완벽한 경지에 이를 수 있다. 그리고 우리는 앞으로도 이 힘든 목표를 이루는 일에 계속 전념할 것이다.

3장

행복이란
무엇일까?

"행복은 우연히 올려다본 밤하늘에
아름다운 별이 가득 빛나고 있는 것과 같다."

이 책에서는 앞으로 '무엇이 나를 행복하게 만드는가?' 혹은 '행복한 순간을 더 많이 체험하기 위해 내가 할 수 있는 일은 무엇인가?'라는 문제를 다룰 것이다. 하지만 '행복이란 무엇인가?'라는 근원적 물음만큼은 우리가 대신해서 답할 수 없는 문제다.

누구나 영원한 진리로 받아들일 만한 행복에 관한 정의는 있을 수 없다. 그래서 우리는 몇 마디 간단한 말로 무엇이 당신을 특히 더 행복하게 만들 것인지 알려주겠다는 허황된 약속은 하지 않겠다. 우리의 주 관심사는 당신이 앞으로 살면서 행복한 순간을 더 많이 느낄 수 있도록 기분 도둑을 막는 방법을 구체적으로 설명해주는 데에 있다.

우리가 받은 인상에 의하면 대부분의 사람들은 어떤 활동이 자신에게 기쁨을 가져다주고 또 어떤 주제가 자신에게 흥미를 유발하는지, 그리고 자신이 어떤 도전에 응하고 싶은지를 이미 직감적으로 알고 있다. 문제는 그 행복의 순간들을 실현해야 할 때가 되면 갑자기 기분 도둑이 나타나 멋대로 제동을 건다는 것이다. 기분 도둑들은 갑자기 문제점들을 전면에 내세우고 자신의 의구심을 강조하면서 부정적인 에너지를 내뿜으며 우리가 진정으로 원하는 것을 하지 못하도록 방해한다. 그러므로 그들의 전략만 간파해낼 수 있어도 우리는 훨씬 더 많이 행복해질 기회를 갖는 셈이다.

여기서 '무엇이 근본적으로 사람들을 행복하게 만드는가?'라는 문제를 언급하지 않을 수 없다. 이 문제는 행복에 관한 책에서 빠지지 않고 꼭 등장하는 주제다. 따라서 우리는 여기서 행복과 행복감 그리고 주관적 만족감이라는 주제에 대해 잠시 이야기하고자 한다.

앞에서 말했지만 대부분의 사람들은 스스로 무엇을 편안하고 기분 좋게 또는 흥미롭게 느끼는지에 대해 기본적인 직감을 가지고 있다. 다만 그 감각이 발달된 정도는 차이가 있을 수 있다. 달리 말해, 자신을 기분 좋게 하는 것이 무엇인지 정확히 알고 있는 사람이 있는가 하면, 또 어떤 사람은 자신의 행복에 대해 그저 막연한 생각만 가지고 있는 경우도 있다.

행복한 순간을 별로 체험해보지 못한 사람들은 이미 기분 도둑들에게 빽빽하게 포위당해 있을 가능성이 높다. 그럴 때 변화를 시작할 수 있는 지점이 두 가지 있는데, 하나는 우리의 행복을 망치는 기분 도둑에게 쓸 방어 기술을 열심히 연습하는 것이고, 다른 하나는 자신의 스스로 '나는 어떨 때 행복한가?'라는 문제에 대해 고민하는 것이다. 전자는 앞으로 차차 다룰 것이므로 여기에서는 행복에 대해 더 이야기해보자.

그래서 행복이 뭔데?

우리는 행복을 연구하기 위해 최고의 시설을 갖춘 도서관에 밤늦은 시각까지 틀어박혀 수천 년 전부터 지금까지 현자들이 어떤 말을 했는지 세심하게 조사했다. 고대 그리스를 비롯하여 중세와 근대, 현대 그리고 포스트 모던 시대의 철학적 사고를 폭넓게 연구하고, 심리학과 관계사회학뿐 아니라 마르크스주의와 시스템 이론System theory● 까지 섭렵했다. 그리고 인간의 행복에 대해

● 하나의 시스템(체계)은 각 요소들의 단순한 집합체도 아니고, 각 요소들을 초월한 추상적 총체도 아니며, 상호 연관되는 각 요소들에 의해 구성된 통일체라고 보는 입장.

좀 더 다양한 통찰을 얻고자 신경 생물학의 최신 연구 결과까지 살펴보았다.

그 과정에서 우리는 인류에게 귀한 가치가 있는 지식과 이해하기 난해한 지식, 그리고 진정한 의미를 깨닫기가 쉽지 않은 지식을 수없이 만났다. 그 모든 노력 끝에 연구 결과를 몇 가지로 정리했다. 이제 당신은 우리가 정리한 이 핵심만 접하면 된다.

행복에 관한 이론은 크게 보아 세 가지가 있다. 이것으로 당신은 이 주제와 관련하여 과거에 어떤 말들이 있었고, 또 요즘 시대에 맞는 말은 무엇인지 알게 될 것이다. 행복에 대한 세 가지 이론은 다음과 같다.

- 권위주의적 행복론
- 소비주의적 행복론
- 별하늘 행복론

내가 제일 잘나가

권위주의적 행복론의 기본 틀은 아주 간단하다. 행복이 무엇인지는 권위 있는 누군가가 정의하고, 당신은 그 결정에 따르면 된다는 것이다.

권위주의적 행복론은 여러 가지 양상으로 존재했고 지금도 존재한다. 어떤 사람들은 순수한 자본주의를, 또 어떤 사람들은 이상적인 사회주의를 신봉하는가 하면, 사명감이 투철한 채식주의자들은 고기를 먹지 말라고 설교하고, 자부심 강한 육식주의자들은 동물성 단백질이 무조건 좋다고 한다. 종교 지도자는 깨달음에 이르는 유일한 길을 전파하고, 급진적인 무신론자는 신을 믿지 않는 것만이 유일한 길이라고 확신한다.

권위주의적 행복론에서 중요한 것은 사람들에게 붙일 '채식주의자' '사회주의자' 등의 명확한 꼬리표뿐이다. 이 꼬리표들이 의미하는 바는 더 자세히 확인해볼 필요가 없을 만큼 분명해 보이지만, 세부적으로는 사실 그 경계나 사상이 불분명한 경우가 많다. 어쨌든 권위주의적 행복론에 따르면 꼬리표가 표방하는 프로그램을 따르는 사람은 행복한 것이고, 그 프로그램을 거역하는 사람은 부적절한 가치와 윤리 그리고 잘못된 의식을 가지고 있는 것으로 낙인찍힌다. 그래서 권위주의적 행복론에서는 전형적으로 반대편에 '육식주의자' '무식꾼' 등의 명확한 적이 설정되는 경우가 많다.

당신도 우리와 마찬가지로 권위주의적 행복론을 그리 믿을 만하지 못한 것으로 여기리라 짐작된다. 그러므로 계속해서 두 번째 행복론인 소비주의적 행복론으로 넘어가보자.

소비가 제일 좋아

우리 사회에서 갈수록 확산되고 있는 소비주의적 행복론 또한 당신에게 권할 만한 것은 아니다. 이것은 권위주의적 행복론의 현대적인 버전이나 다름없다. 이것이 주장하는 행복에 대한 정의는 그 자체만으로도 의구심이 생길 만큼 간단한데, '물건을 사는 사람은 행복하다'는 것이다.

소비주의적 행복론을 추종하는 사람들은 사실 우리의 조롱을 받기보다 연민을 불러일으켜야 마땅하다. 그들은 행복해지는 방법을 잘 몰라 쇼핑을 하거나 소비를 하는 것에서 행복을 찾으려 하는 것이기 때문이다.

20년 전만 하더라도 세탁기를 구매하는 동기는 일상생활의 수고를 덜기 위해서였다. 하지만 이제 그와 같은 구매 동기는 까마득한 옛말이 되어버렸다. 소비주의적 행복론은 시간과 노력을 절약하기 위해서가 아니라 사실상 전혀 필요하지 않은 물건을 사야 비로소 행복을 느낄 수 있다고 가르친다. 그래서 사람들은 '세 번째 평면 TV를 주방, 침실, 화장실 중에서 어디에 설치하면 좋을까?'와 같은 것을 고민하게 되었다. 값비싼 스마트폰을 구입했다면, 자기가 많은 돈을 지불했다는 사실을 누구나 볼 수 있도록 항상 손에 들고 다녀야 한다. 또 어떤 사람들은 어느 해의 한정판 상품을 구입하기 위해 명품 매장을 샅샅이 뒤지고 다니기도 한다.

여가 시간에도 진정으로 자기 마음에 드는 취미 활동을 하기보다는 최대한 비싸면서 별로 힘들이지 않고 할 수 있는 것을 선택한다. 그래서 수영을 하는 대신 휴양지 같은 분위기를 갖춘 리조트의 욕조 안에 편안히 누워 있는 것을 선호하고, 숲이나 산보다는 규격화된 체험을 할 수 있는 테마파크를 즐겨 찾는다.

물론 소비를 아예 하지 말아야 한다고 주장하거나, 기술적·자연과학적·의학적 개선의 가치를 간과하려는 것은 아니다. 하지만 물질적 풍요는 생존에 필요한 정도를 넘어서면 더 이상 행복감을 가져다주지 않는다. 이는 건강한 인간의 이성이 진작부터 알고 있었던 것이며, 요즈음에는 대학이나 연구소의 전문적인 행복 연구가들에 의해 재차 확인되는 사실이다.

심지어는 부유해질수록 만족감과 행복이 오히려 줄어든다는 사실이 입증되고 있다. 정말로 필요해서가 아니라 이웃이나 직장 동료 또는 지인들에게 과시하기 위해 물건을 산다면, 다른 사람이 같은 물건을 구입하자마자 행복감은 곧 사라져버릴 것이다. 이처럼 아무 생각 없이 소비를 해대는 사람들은 결국 신기루를 쫓는 악순환을 거듭하게 된다. 그것으로 유일하게 득을 보는 쪽은 기분 도둑들뿐이다. 이들은 불행한 자들이 신나게 스스로를 가두기 위한 소비의 감옥을 지은 다음, 그곳으로 들어가는 모습을 지켜보고 회심의 미소를 짓는다.

확실한 행복을 찾는 법

별하늘 행복론은 다차원적이고도 총체적이기 때문에, 일차원적인 권위주의적 행복론이나 무의미한 소비주의적 행복론과는 차이가 있다. 우리는 당신이 이 행복론에서 당신 자신만의 행복에 대해 어떤 감각을 갖게 되기를 기대한다.

별하늘 행복론에 따르면, 행복은 다음과 같은 특징을 갖고 있다.

행복은
- 미리 계획할 수 없는 것이다.
- 항상 존재하는 것이다.
- 공짜다.
- 마음으로 느끼는 것이어서 사람마다 다르게 경험한다.
- 무엇보다 스스로의 노력을 요구한다.
- 때로 지루해질 때도 있다.
- 행복을 망치려는 훼방꾼들을 피해 가는 것을 전제로 한다.

당신이 집으로 가는 길에 우연히, 아름다운 별이 수놓아져 있는 밤하늘을 올려다본다고 상상해보자. 그러면 이 행복론이 말하고자 하는 바를 쉽게 이해할 수 있다.

별이 총총한 이 밤하늘은, 당신이 어느 날 밤늦은 시각에 집으로 가게 될지 정확히 알 수 없기 때문에, 또 언제 구름이 시야를 가려버릴지 혹은 올려다볼 시간이 날지 예측하기 힘들기 때문에 미리 계획할 수가 없다.

별이 빛나는 밤하늘은 항상 존재하는 것임에도 불구하고, 해가 진 후에야, 그리고 맑은 날이어서 시야가 가려지지 않아야, 특히 당신이 위를 올려다보아야만 볼 수가 있다.

별하늘을 바라보는 것은 공짜이기 때문에 다행히 돈을 낼 필요가 없다. 그러니 당신은 아무것도 지불하지 않고 당신에게 기쁨이 될 귀한 가치를 선물받는 셈이다.

당신은 무감각한 돌이 아니라 마음을 지닌 사람이기 때문에, 별하늘을 단지 보는 것이 아니라 마음으로 경험한다. 어떤 사람들은 무수히 많은 별이 반짝이는 것을 보고 기뻐하는가 하면, 또 어떤 사람들은 달이 커다랗게 떠 있는 것을 보고 감탄한다. 한편 무한히 넓은 공간에 안도감을 느끼는 사람들도 있고, 지구가 우주에서 한 개의 먼지 입자와도 같은 존재에 불과하다는 생각에 전율을 느끼는 사람들도 있다. 그리고 혹자는 신성한 삼라만상이 발산하는 고요함과 여유의 소리에 경건하게 귀를 기울이기도 한다. 어떤 사람들은 이 한밤중의 장관이 산 속의 방목지에서 금방 벤 풀 냄새나, 바닷가에서 입술에 느껴지는 짭짤한 소금 맛과 조화롭게 어우러져야 제대로 행복감을 느끼기도 한다. 이처럼 주관적인 느낌에 따라, 다시 말해 시각과 청각, 촉각, 후각, 미각의 지

극히 개인적인 조합에 따라 사람들이 아름다운 별하늘이라고 부르는 것에 대한 개개인의 인식은 저마다 다르다.

기본적으로 생각해야 할 점은 별이 아름답게 반짝이는 밤하늘을 즐기려면 무엇보다 스스로의 노력이 요구된다는 사실이다. 당신 스스로 문밖으로 나와야 하고, 늘 해오던 대로 휴식을 취할 것인지 아니면 그것을 잠깐 미루어두고 순간의 마법을 즐길 것인지를 결정해야 한다.

매일 저녁 같은 시각에 집을 나서서 항상 똑같은 밤하늘을 바라보는 것이 지루할 때도 있을 것이다. 그럴 때는 상상력을 발휘해 별똥별이 떨어지거나 인공위성이 불빛을 반짝이며 지나가기를 기대해보라. 그러다가 갑자기 할 일이 너무 많아져서 2주 동안 별이 빛나는 밤하늘을 볼 기회가 주어지면 희한하게도 지루함은 언제 그랬냐는 듯 자취를 감춰버릴 것이다. 지루하기는커녕 어쩌다 그토록 인상 깊은 자연의 장관을 보고 지루해할 수 있었는지 의아해질 것이다. 행복은 때로 지루할 수 있지만, 그것은 우리가 언제든 다시 행복을 만날 수 있다는 의미이기도 하다.

마지막으로, 아름다운 별하늘을 즐기면서 바라보려면 행복 훼방꾼들의 방해가 없어야 한다. 이제 당신은 기분 도둑의 위험성에 어느 정도 눈을 떴을 것이므로 이 자리에서 더 이상 상세한 설명을 할 필요는 없을 듯싶다. 당신은 기본적으로 프로 불만러나 불신 끝판왕, 잘난 척쟁이, 뜬구름 잡기 달인, 안달복달 바이러스,

미디어 몬스터 혹은 과거에 사는 꼰대가 자신만의 전략으로 당신을 혼란에 빠뜨리는 일이 없어야만 별하늘을 즐길 수 있다는 사실을 알고 있다. 그러므로 별하늘을 마음껏 즐기고 싶다면 기분 도둑들은 능숙한 솜씨로 막으면 된다. 좋은 기분을 앗아 가는 불협화음이 계속 울려 퍼진다면 별하늘이 제아무리 아름다운들 무슨 소용이 있겠는가?

여기까지 행복의 특징에 대해 개략적으로 살펴보았다. 하지만 중요한 것은 자신의 '별하늘 행복'이 정확히 무엇인지는 스스로 알아내야 한다는 것이다. 이 책의 도입 부분에서 이미 언급한 것처럼 우리는 무엇이 당신을 행복하게 만드는지 규정해주거나 처방해줄 수 없다. 다만, 두 눈을 크게 뜨고 별하늘 행복을 이미 찾은 사람들을 함께 살펴보는 일은 도움이 될 것이다. 그런 사람들에게서 당신 자신의 행복에 대한 힌트를 얻을 수도 있기 때문이다.

어떤 사람한테는 산책이나 도보 여행이 영혼을 달래주는 별하늘 행복이다. 또 어떤 사람은 꾸준한 워킹이나 조깅, 자전거 타기 같은 것에서 그런 행복을 찾는다. 단체에 소속되어야 비로소 의욕을 내어 축제나 행사를 계획하고 조직하는 사람들이 있는가 하면, 낚시나 장미 가꾸기를 하면서 고독을 즐기는 사람들도 있다. 사심 없이 남을 돕는 데서 개인적인 만족을 찾는 사람들도 있고, 항상 새로운 도전 목표를 세우며 자신의 직업에서 마음껏 능력을 펼칠 때 행복감을 느끼는 사람들도 있다.

헤아릴 수 없이 많은 별하늘 행복의 순간들이 아주 사소한 것들과 연관되어 있는 경우도 적지 않다. 아이들이 노는 것을 지켜보다 보면 어린 시절에 자기 자신을 행복하게 해주었던 것을 한번쯤 떠올리게 된다. 커다란 웅덩이에서 물장구를 치던 일, 쉬지 않고 놀이기구를 기어오르던 일, 한쪽 발로 서서 춤을 추거나 뛰어다니던 일, 고양이를 기분 좋게 쓰다듬어주던 일, 다른 친구들과 뒤엉켜 놀던 일, 깔깔대며 웃다가 녹초가 되던 일 등….

어린 시절의 사소한 행복이 지금의 행복과 도대체 무슨 관계가 있는 건지 의문이 든다면, 다시 한번 잘 생각해보라! 그 당시 물장구를 치며 행복해하던 아이들은 지금 수영장에서 물살을 가르는 어른으로 성장했다. 놀이기구를 기어오르던 아이들은 이제 스포츠 클라이밍에서 즐거움을 찾고, 춤추거나 뛰어다니기를 좋아하던 아이들은 성인이 되어 디스코나 살사 댄스에서 행복감을 느낀다. 고양이를 쓰다듬어주며 좋아하던 아이들은 지금 집 전체를 동물원처럼 해놓고 있는지도 모른다. 친구들끼리 뒤엉켜 놀던 아이들은 축구나 유도 등을 하면서 즐거워하는 어른이 되었을 수도 있다.

행복에 대한 감각을 찾으라! 기분 도둑에 의해 부정적인 영향을 받은 행복 회의론자들은 이렇게 일상에서 맛볼 수 있는 즐거움으로부터 스스로 멀찌감치 물러서서 자신의 운명만 원망하고 있다. 자신이 행복하지 못하다는 사실을 진지하게 받아들이고 무엇이 자신을 행복하게 만들 것인지 스스로 질문을 던져보는 대신에, 그들은 기분 도둑이 되어 자신의 행복을 망치고, 절망의 늪에서 헤어나오지 않으려 한다. 그들은 무엇이 자신을 행복하게 만드는지 알려면 일단 무엇이든 시도해봐야만 한다는 사실을 애써 무시한다. 자기가 무엇을 원하는지도 모르고, 새로운 일을 시도할 준비도 되어 있지 않은 사람한테는 어떤 자극이나 아이디어도 소용이 없는 법이다.

앞으로는 당신의 행복을 좀 더 잘 알아볼 수 있도록 이런 질문을 자꾸 자기 자신에게 던져보라. 내가 지금 하고 있는 일이 이 순간 나를 행복하게 만드는가? 삶이 당신에게 여러 가지 제안을 해오면 어느 때보다 더 열심히 마음의 소리에 귀를 기울여라. 불만족스럽거나 지루한, 심지어 속을 뒤집어놓는 순간들이 찾아온다면 당신이 전혀 다른 것을 찾고 있음을 분명하게 암시하는 것으로 받아들여라.

그냥 꾹 참고 기다리기만 하면 행복이 저절로 찾아올 거라는 실없는 약속으로 자신을 위로하지 말라. 그러기보다는 당신의 운명을 손안에 쥐고, 행복감에 대한 기본적인 질문에 자신 있게 대답할 수 있는 삶이 되도록 노력해보라.

별하늘 행복을 찾는 과정에 열려 있는 가능성이 너무 많아 부담감을 느끼는가? 그런 느낌을 갖는 것이 당연하다. 현대의 행복 찾기는 더 이상 무엇으로부터 자유로워지는 것이 아니라 갖고 있는 자유를 무엇을 위해 쓸 것인가 하는 문제가 되었기 때문이다. 몇 세대 전만 하더라도 경직된 강요와 무의미한 규정이나 근거 없는 규칙을 극복하는 것이 행복 찾기의 중심에 있었지만, 그런 경향은 최근 들어 급속도로 바뀌었다. 요즘은 사람들이 더 이상 무언가를 해서는 안 된다는 것 때문이 아니라 언제든 무엇이든 다 해도 된다는 것 때문에 막막해하고 있다.

하지만 불평을 그치고 다시 생각해보자. 자유와 선택의 가능성이 많아진 것은 분명 좋은 일이다. 그러므로 선택의 어려움을 호소하기보다는 개인적으로나 직업적으로 주어진 자유를 어떻게 사용할 것인지 적극적으로 고민하는 편이 낫다. '무엇을 위해 이 자유를 사용할 것인가?'라는 질문을 스스로 해보라.

자기 나름의 별하늘 행복에 대한 감각을 키우고, 자신의 행복을 지금까지보다 더 확실하게 알아보는 법을 배워라. 당신이 어떤 사람인지 남들이 규정하도록 놓아두지 말라. 권위적으로 강요하는 행복이나 무의미한 소비의 행복으로 유혹하여, 당신이 자신만의 행복을 느끼지 못하도록 방해하려는 누군가의 수작이 포착되면 철저하게 차단하라.

행복은 아름다운 별하늘과 마찬가지로 미리 계획할 수 없으나 항상 존재하며, 공짜인 데다 마음으로 느끼는 것이어서 개별적으로 체험 가능하고, 무엇보다 스스로의 노력을 요구하며 가끔 지루하기도 하고, 또 행복 훼방꾼들을 피해야 누릴 수 있다는 사실을 꼭 명심하라. 아니면 그냥 이 부분에 책갈피를 끼워놓아도 좋을 것이다.

★기분 도둑은, 조금만 다른 마음으로 주위를 둘러보면 일상에서 발견할 수 있는 행복들이 가득하다는 사실을 숨기려 한다. 급하고 중요하지 않은 일로 하늘을 올려다보지 못하게 하거나, 당연히 행복을 누려야 할 순간에도 걱정이나 근심으로 그것을 빼앗아 가곤 한다.

내 주위에도 기분 도둑이 있을까?

다양한 유형의 기분 도둑들을 한 가지씩 자세하게 소개하기에 앞서 자신이 이처럼 교활한 훼방꾼들한테 둘러싸여 있는지, 또 그렇다면 어느 정도인지 알아보는 자가 진단 테스트에 당신을 초대한다. 아래 질문에 간단히 답을 하라. 평가는 테스트 바로 뒤에 나와 있다.

1. 다른 사람의 문제로 당신까지 곤란을 겪는 일이 얼마나 많은가?

   자주 ②　　　　　　　가끔씩 ①　　　　　　　전혀 없다 ⓪

2. 직장 동료가 당신에게 어떤 일에 대한 책임을 전가시킨다. 당신은 그가 옳지 않다는 것을 이성적으로는 잘 알고 있지만, 그의 비난이 전혀 터무니없는 말은 아닐지도 모른다는 자책감이 계속 든다. 그런 일이 얼마나 잦은가?

   자주 ②　　　　　　　가끔씩 ①　　　　　　　전혀 없다 ⓪

3. 어떤 지식을 얻게 해주기는커녕 혼란스럽게 만들기만 할 뿐인 토론에 말려든 느낌이 드는 일은 얼마나 잦은가?

   자주 ②　　　　　　　가끔씩 ①　　　　　　　전혀 없다 ⓪

4. 직장이나 일상생활에서, 아닌 밤중에 홍두깨 격으로 부당한 비난을 받는 처지에 놓인 자신을 보게 되는 경우가 얼마나 많은가?

   자주 ②　　　　　　　가끔씩 ①　　　　　　　전혀 없다 ⓪

5. 무엇을 사거나 무슨 일을 하려 할 때 TV나 잡지, 인터넷 등에서 접하게 된 부정적인 정보가 신경 쓰여 망설였던 적이 있는가?

   자주 ②　　　　　　　가끔씩 ①　　　　　　　전혀 없다 ⓪

6. 부서지는 파도에도 꿈쩍 않는 바위처럼 늘 그 자리에 있는 침착하고 듬직한 사람들은 당신의 주변에 얼마나 있는가?

많다 ⓪   적다 ①   전혀 없다 ②

7. 가족, 친구, 직장 동료 등 당신의 주위에 당신이 물어보지도 않았는데 스스로 나서서 매번 자신의 생각을 자세히 밝혀야 직성이 풀리는 사람들이 있는가?

많다 ②   적다 ①   전혀 없다 ⓪

8. 당신의 삶이 지겹도록 단조롭게 여겨질 때가 많은가?

많다 ②   적다 ①   전혀 없다 ⓪

9. 출퇴근길, 빨리빨리 움직이지 않는 앞사람 때문에 부아가 치미는 일이 많은가?

많다 ②   적다 ①   전혀 없다 ⓪

10. 어떤 일을 시작하려는 마음이 들어 누군가에게 그 일을 이야기했을 때, 그의 걱정해주는 말 때문에 기운이 빠져 결국 포기하게 되었던 적이 있는가?

많다 ②   적다 ①   전혀 없다 ⓪

11. '사회, 가정, 학교, 회사가 스스로의 책임을 인식하지 못한다'는 식의 보편적 비난을 접하는 일이 얼마나 많은가?

자주 ②   가끔씩 ①   전혀 없다 ⓪

12. 자연재해에 관한 뉴스나 개인의 비극적인 운명에 관한 잡지 기사를 보면 의기소침해지는가?

많이 ②   약간 ①   전혀 아니다 ⓪

13. 당신의 가족이나 친구, 직장 동료 등 다른 사람에게서 뭔가 새로운 일을 시도해보고 싶은 용기를 얻는 경우가 많은가?

많다 ⓪   가끔 있다 ①   전혀 없다 ②

14. 누군가를 상담해주느라 당신의 저녁 시간을 다 써버리고는 피로한 몸과 지끈거리는 머리로 잠자리에 든 적이 있는가?

많다 ②   적다 ①   전혀 없다 ⓪

평가

당신의 대답에 해당하는 점수를 합산하여 프로 불만러나 잘난 척쟁이, 뜬구름 잡기 달인 등 기분 도둑들이 주변에 얼마나 많은지 알아보라.

0-8점

편안한 느낌과 즐거움 그리고 밝은 빛을 당신의 삶에 가져다주는 사람들이 주변에 가득한 것으로 보인다. 상대적으로 기분 도둑들의 위협에서는 안전한 편이다. 하지만 그런 당신도 다양한 유형의 기분 도둑들에 대해 더 자세히 알아둘 필요가 있다. 지금까지 그런 도둑들과 접촉할 기회가 없어 면역력이 약하기 때문이다. 자칫하면 그들의 교활한 수법에 넘어갈 수 있다. 조심하자.

9-18점

당신은 삶에서 긍정적인 면을 보려고 노력하나, 그런 면을 찾았다 싶으면 기분 도둑이 나타나 당신의 시야를 어둡게 가려버리곤 한다. 그렇다고 낙담할 필요는 없다. 꼴 보기 싫은 훼방꾼들에게 잘 듣는 특효 처방이 있으니까. 다음에 이어지는 장을 읽고서 일곱 가지 유형에 대해 알고 나면, 당신은 그 도둑들을 효과적으로 막을 방법을 곧 터득할 것이다.

19-28점

절망하지 말라. 이 책을 쓰게 된 것은 바로 당신을 위해서다! 당신은 정말이지 일상의 아름다운 순간을 매번 망쳐놓는 온갖 유형의 기분 도둑들한테 포위당한 듯 보인다. 더 이상 참고 있지 말라! 다음 장에서 특히 어떤 유형이 당신을 괴롭히고 또 어떤 대처법이 효과적인지 알게 될 것이다. 그러면 약속하건대 곧 당신은 완전히 새로운 삶의 질을 경험하게 되리라!

이제 기분 도둑 사냥에 나설 모든 준비가 끝났다. 당신은 기분 도둑의 위험성과 실체에 대해 알게 되었으며, 행복이 어떤 것인지도 조금은 알게 되었다. 또 테스트를 통해 현재 당신이 어떤 상황에 있는지 자각했을 것이다.

다음 장부터는 실제로 기분 도둑들을 하나하나 세심하게 다루며 그들의 특성과 전략을 분석한다. 당신은 예시를 통해 그들의 실체를 보고, 적절한 방어법 또한 배울 것이다. 자, 이제 심호흡을 한번 하고 다음 장으로 넘어가보자.

4장

프로 불만러를 속여라

"프로 불만러는 마치 타이어에 바람이 빠진 자전거를 탄 사람처럼
삶을 살아간다. 혹여 당신이 타이어에 바람을 넣어주기라도 하면,
이 기분 도둑은 또 모든 게 너무 쉬워졌다고 불평을 늘어놓을 것이다."

혹시 프로 불만러를 모르는 사람이 있는가? 이 기분 도둑은 우
리 사회에서 끊이지 않고 지속적으로 등장하는 친숙한 유형이다.
그는 사람들이 끊임없이 불평하도록 만든다. 죽지 못해 사는 듯
우울한 얼굴을 하고 다니면서 의기소침하고 불안한 모습으로 자
신의 걱정거리를 읊어대는 사람을 보면 이 기분 도둑에게 사로잡
힌 것을 쉽게 알아볼 수 있다. 그는 크고 애처로운 눈으로 우리를
쳐다보며 자신에게 매일같이 얼마나 부당한 일이 일어나는지 하
소연한다. 그리고 사람들과 어울리면서 기회만 있으면 우리 앞에

서 자신의 가엾고 불행한 운명에 대해 주절주절 이야기를 늘어놓는다.

고통을 함께 나눌 동지를 찾아서

프로 불만러들의 모든 생각과 노력은 자신의 신세 한탄에 귀 기울여줄 누군가를 찾는 데에만 쏠려 있다. 혼자서 징징거리는 것보다는 고통을 함께 나눌 동지들 틈에 있는 것이 더 편하기 때문이다. 그는 처음에 우리에게 기꺼이 먼저 다가오며 대단히 호의적인 태도를 보일 수도 있다. 하지만 그는 우리한테 관심이 있는 것이 아니라 절망이나 운명의 장난에 대한 이야기를 통해 우리를 불평불만의 소용돌이로 끌어들이려 할 뿐이다.

상대방과 대화를 나누는 동안 부정적인 이야기에 점점 더 깊이 빠져든다면 그는 프로 불만러다. 직업이나 자녀 교육, 부부 관계, 여가 시간 활용, 전 세계의 운명 등 주제가 어떤 것이든 개의치 않고 그는 불평을 늘어놓으며, 주제에서 뭔가 긍정적인 면을 이끌어낼 여지를 당신에게 허락하지 않을 것이다. 제어할 수 없는 불평으로 그는 자신의 삶에 빛을 가져다주는 태양까지 어둡게 가려버리고 만다.

우리는 학교나 파티에서, 혹은 직장 동료나 가족들과 대화를 나눌 때 다들 한 번쯤 이런 사람을 만난 경험이 있다. 아마 그는 특유의 부정적인 속삭임으로 좋았던 분위기를 금세 망쳐놓았을 것이다.

학교에서 부모들을 초청했을 때도 그는 비관적인 이야기를 늘어놓는 데 자신의 에너지를 집중한다. 새로 온 여교사가 소개되면, 바로 목청을 높인다. "여교사가 새로 온다고 무엇이 달라지는데요? 우리 학교가 학업 성취도 평가에서 어떤 성적을 거두었는지 누구나 알고 있잖아요." 이제 한 시간도 빼 먹는 일이 없을 거라는 설명에는 또 이렇게 반격한다. "그건 중요하지 않아요. 학교에서는 고작 무의미한 이론적 지식만 가르쳐대지요. 그러니 어떻게 우리 아이들이 전인적인 인격체로 성장할 수 있겠어요?"

파티에서는 뷔페 음식을 접시에 담을 때 흔히 이런 사람을 만난다. 그곳에서 그는 청하지도 않았는데 무슨 캠페인이라도 벌이려는 듯 이야기를 늘어놓는다. "여기 이 스테이크를 위해 브라질의 밀림이 희생되고 있어요." 손님 하나가 자기는 채식주의자라고 하며 그의 기분을 풀어주려고 하면, 그는 더 깊은 절망에 빠져 이렇게 물고 늘어진다. "콩을 즐겨 먹는 사람이 소고기를 좋아하는 사람보다 훨씬 더 나빠요. 콩의 유전자 조작으로 얼마나 심각한 환경 재난이 초래되고 있는지 생각하고 싶지도 않아요."

직장 동료 중 한 사람이 프로 불만러라면, 그는 부서가 좋은 실적을 올릴 때마다 침체된 경기를 비판하며 분위기에 찬물을 끼얹을 것이다. "우리가 여기서 이런 식으로 계속 애를 쓸 수도 있겠죠. 하지만 정치인들이 경기를 엉망으로 만들어놓았는데, 우리가 애를 써봐야 무슨 소용이 있을까요?" 경기가 다소 회복되더라도 그는 태도를 바꾸지 않고 부정적인 입장을 고수하며 우려의 목소리로 이렇게 말한다. "이건 일시적인 현상일 뿐이에요. 오르막이 있으면 내리막이 있기 마련인데, 다시 경기가 안 좋아지면 모든 상황은 더 나빠질 겁니다."

프로 불만러와 같이 있다 보면 유쾌한 기분을 유지하기가 무척 힘들다. 그는 아무리 작은 희망의 불씨라도 금방 암울한 비구름을 몰고 와 꺼버리는 재주를 가지고 있기 때문이다. 당신이 항변을 해봤자 그는 눈도 깜짝하지 않고 재빨리 그다음 불평거리로 넘어갈 것이다.

프로 불만러와 오래 있다 보면 그의 공범이 되어 결국 스스로 자신의 기분을 망치게 되기 쉽다. 부정적인 생각의 힘은 실로 엄청나서, 좋은 소식보다 훨씬 더 강하게 우리 모두의 감정을 움직이기 때문이다. 이와 관련하여 행복 연구가들은 1,000유로 실험이라는 것을 한 적이 있다. 이론적으로 1,000유로를 번 사람은 1,000유로를 잃어서 속상해하는 사람과 똑같은 강도로 기뻐해야 옳지만, 실험 결과 확인된 바에 의하면 불행은 같은 크기의 행복보다 몇 배나 더 힘들고 가혹하게 느껴진다고 한다. 그러니까 1,000유로를 잃은 것이 같은 액수를 번 것보다 10배는 더 강하게 느껴지는 경우가 많다는 것이다.

이것은 돈을 벌거나 잃는 문제에만 국한되는 것은 아니다. 우리는 누구나 부정적인 이야기에는 몇 시간이라도 몰두할 수 있는 반면, 좋은 소식은 그냥 간단히 넘겨버리는 경향이 있다. 우리가 조심하지 않으면 프로 불만러는 우리의 바로 이런 감정을 공략한다. 그러면 우리는 이 기분 도둑의 작전에 속수무책으로 넘어가고 마는 것이다.

프로 불만러를 속이는 기교를 배우고 싶은 사람은 몇 가지 과정을 거쳐야 하는데, 분명한 것은 제일 먼저 이 기분 도둑이 그런 태도를 취하는 원인에 대해 알아보는 것이다. 그리고 그의 나쁜 행동이 미치는 효과를 분명하게 파악한 다음, 프로 불만러의 계획을 막을 적합한 대처법을 습득해야 한다.

살아남기 위해 필요했던 징징거림

인간의 발달사를 잠시 살펴보면 프로 불만러에 대한 흥미로운 사실을 알게 된다. 놀랍게도 한때 프로 불만러의 '징징거림'이 인류의 존속에 중요한 역할을 감당하던 때가 있었던 것이다. 그 때문에 우리 유전자에는 아직도 프로 불만러에게 반응하려는 기제가 남아 있다.

진화 연구가들에 의하면 석기시대에는 징징거리거나 한탄하는 것 또는 불평하는 것이 생존에 중요한 역할을 했다고 한다. 주위를 배회하는 굶주린 늑대들이나 숲속에 널려 있는 독버섯, 적대 관계인 부족의 공격과 같은 위험들은 그 시대에 빨리 큰소리로 또렷하게 그리고 어느 정도 지속성 있게 부족민들한테 전달되어야만 했다. 그러지 않으면 개인은 물론이거니와 전체 부족의 생존이 위협을 받아야 했을 테니까 말이다.

이런 역사를 살펴보면 우리가 프로 불만러의 불행한 이야기에 그토록 잘 넘어가는 이유가 무엇인지를 짐작해볼 수 있다. 인류의 역사가 시작될 때부터 우리는 좋은 소식보다 나쁜 소식에 훨씬 더 직접적이고 감정적으로 반응하는 특징을 지니고 있었다. 그런 경향성은 위험으로부터 우리를 지키는 결과를 낳았을 것이다. 그래서 우리는 오늘날까지도 만사 오케이라는 소식보다 무언가 문제가 있다는 소리에 훨씬 더 격하게 흥분하는 경향이 있다. 만족스러운 웃음소리보다는 경보음이 우리 귀에 훨씬 더 크게 들리는 것이다.

프로 불만러는 온갖 종류의 위험과 공격 그리고 실망을 감지해내는 천부적인 재능을 가지고 있다. 그는 어디에 위험하다고 말할 거리가 도사리고 있는지 민감하게 인지해낸다. 직장에서 프로 불만러는 과중한 업무나 경쟁, 개인적인 불안감으로 인해 생기는 갈등 상황을 재빠르게 탐지한다. 부부 관계에서도 점점 커지는 불만이나 실망, 또는 애정이 식어가는 징후들을 기가 막히게 알아차린다.

하지만 오늘날 프로 불만러의 가장 큰 문제는 그가 사람들에게 구체적인 위험을 경고하는 대신, 그저 감정에 호소하는 데에만 관심을 둔다는 것이다. 그는 사람들이 부정적인 감정의 바다에서 실컷 헤엄치도록 만들기를 좋아하며, 아침부터 저녁까지 자신의 푸념으로 나쁜 감정을 사람들에게 더 많이 전염시키려 한다.

그러므로 프로 불만러는 대부분 자신이 푸념하는 문제의 해결책을 강구하는 일에 대해서는 관심이 없다. 오히려 일이 순조롭게 풀려가는 것 같으면 프로 불만러는 불안해한다. 금단증상을 느끼는 것이다. 그는 즉시 푸념할 만한 다른 구실을 찾아내어 사람들의 안정감을 흔들기 시작한다. 일반적으로 그가 성공할 가능성은 낮지 않다. 언급했던 것처럼 부정적인 감정이 긍정적인 감정보다 더 강하게 작용하기 때문이다.

이런 프로 불만러의 영향력 아래에서 오랜 세월 살아온 사람들은 부정적인 감정에 도취된 나머지 긍정적인 감정들을 자꾸 무시해버리곤 한다. 그런 식으로 고통과 근심, 슬픔을 끊임없이 되뇌다 보면 주변 환경에 대한 인지능력이 갈수록 편협해지는 결과를 초래한다. 긍정적이고 기분 좋은 감정에 대한 인지능력은 점점 더 퇴화하다가 언젠가는 완전히 소실되고 말 것이다.

그렇게 해서 조만간 그는 프로 불만러가 불러온 악순환 안에 갇혀 꼼짝하지 못하게 된다. 좋은 감정에 대한 그의 인지력은 갈수록 약해지는 반면, 나쁜 감정의 힘은 계속 강해져 결국 자신의 하루치 근심으로는 더 이상 만족하지 못하는 신세가 되는 것이다.

그 과정에서 그는 세상에 대해 갈수록 심한 불평을 늘어놓는 증상을 보인다. 마약 중독자가 더 많은 자극을 필요로 하듯, 그 역시 점점 더 많은 양의 마약, 즉 슬픔과 고통과 눈물을 필요로 하는 것이다. 그래서 심지어 그는 단순히 위험을 상상하는 것만으로 도취 상태에 빠질 수도 있다. 진짜 마약에 중독된 듯 현실 세계에서 벗어나 최악의 대재난이나 불행, 무서운 시나리오를 다채로운 색깔로 그려보는 것이다. 일상생활이나 직장에서는 사실상 모든 일이 순조롭게 돌아가고 있는데도 말이다.

불평은 달콤해!

이제 기분 도둑이 실제로 어떻게 활동하는지 사례를 보자. 이 이야기에서 당신은 프로 불만러에게 사로잡힌 사람이 어떻게 사람들에게 관심과 애정을 얻으려 하며, 그 과정에서 자신과 우리의 기분을 망치는지 알게 될 것이다.

두 아이의 엄마인 베티나는 파트타임으로 직장 일을 하면서 집안일도 잘 꾸려나가고 있다. 적어도 겉으로 보기에는 별 문제가 없어 보이지만, 베티나의 시각은 전혀 다르다. 그녀는 프로 불만러였던 것이다.

그녀는 자신의 삶을 불행과 재앙이 연속되는 우울한 과정으로 여긴다. 염세주의의 안경을 쓰고 있는 그녀는 삶의 아름다운 색깔을 보지 못한다. 그녀에게 삶은 온통 잿빛으로 보일 뿐이다. 그녀는 끊임없이 혼자 푸념하는 것으로 주변 사람들에게도 우울감을 선사한다. 그렇게 그녀는 직장에서나 일상생활에서 삶의 아름다운 면을 찾아낼 줄 아는 사람들을 몰아내버렸다. 결국 그녀 주변에는 우울증 환자나 늘 의기소침한 사람, 또는 불평밖에 할 줄 모르는 사람만 남게 되었다.

베티나는 아이들과 부모가 함께하는 체조 시간에 참여하면, 제일 먼저 구석으로 가서 죽이 잘 맞는 엄마들과 함께 불평불만을 늘어놓기 시작한다. 아이들과 함께 즐겁게 노래를 부르거나 공놀이를 하는 대신 그녀는 멀찌감치 떨어져 지켜볼 뿐이다. 같이 어울릴 생각조차 하지 않는다. 그 모습을 보다 못한 강사가 적극적으로 동참해서 아이들이 체조를 할 때 도와달라고 조심스럽게 부탁을 하면, 그녀는 이렇게 말하며 거절해버린다. "제가 그럴 수 있을지 모르겠어요. 아이가 넘어지기라도 하면 저는 더 조심하지 않은 제 자신을 절대 용서하지 못할 테니까요. 그냥 여기서 지켜보는 게 낫겠어요."

베티나와 죽이 맞는 엄마들이 자기네끼리 모여 문제점에 대해 이러쿵 저러쿵 이야기를 나누는 동안, 아이들 사이에서는 어쩔 수 없이 말썽이 생기게 마련이다. 엄마 없이 혼자 방치된 아이들이 서로 밀치면서 싸우다가 그만 몇몇 아이들이 울음을 터뜨린다. 이 모습을 지켜본 베티나는 어이없다는 듯 또 이렇게 투덜거린다. "이제 아이들까지 아무렇지 않게 폭력을 휘두른다니까. 그새 아이들도 거칠고 잔인한 사회에 물들었나 봐."

그러고는 아이들을 억지로 잡아끌면서 얼른 체육관을 빠져나간다. 계속해서 친구들과 같이 놀고 싶은 아이들한테는 그녀의 행동이 못마땅할 수밖에 없다. 그래서 아이들은 항의의 표시로 울기 시작한다. 아이들을 보고 베티나는 또 이렇게 푸념한다. "공격적인 주변 환경 때문에 아이들 마음이 손상을 입고 말았어. 아이들끼리 놀게 내버려두면 무슨 일이 일어나는지 좀 보라니까." 다음번 모임에서 베티나는 아이들의 체조를 지도하는 강사가 얼마나 무능력하고 무관심한지 반드시 이야기할 생각이다.

사무실에서도 베티나는 자신의 나쁜 버릇을 버리지 못한다. 무슨 일이든지 간에 그녀는 바로 징징거리며 불평불만을 늘어놓기 시작한다. 이게 안 된다, 저게 안 된다, 아무리 해봤자 소용없는 일이다 등등 하루 종일 푸념뿐인 베티나는 모든 직장 동료에게 공포의 대상이다.

하지만 오래된 직원들이 그녀를 피하는 것과는 달리 새내기 직원들은 첫 대면에서 그녀의 상냥한 미소를 보고는 쉽게 그녀에게 걸려들고 만다. 새내기 직원이 자신에게 마음을 열었다 싶으면 그녀는 갑자기 낮은 목소리로 회사와 세상의 문제점들에 대해 이야기하기 시작한다. "하필 이 회사에 들어오다니 참 안됐네요. 이곳의 업무 분위기가 얼마나 험악한지 짐작도 못할 거예요. 지금은 수습 기간이죠? 그 말은 언제 잘릴지 모른다는 뜻이에요. 회사는 아마 방법만 있으면 당장 나부터 잘라버리고 싶을 걸요. 며칠 전엔 글쎄 한 외근 사원이 몰던 차가 회사 주차장에서 하마터면 날 칠 뻔했지 뭐예요. 누가 알아요, 계획적으로 그랬을지. 게다가 우리 아들도 학교에서 문제가 있는데, 학교 측은 아예 관심조차 없어요. 요즘 시대에는 사람들이 학교건 회사건 억지로 버티기 위해 얼마나 자신을 규격화시켜야 하는지 생각하면 정말 끔찍해요. 인간다움은 대체 어디로 가버린 걸까요? 그리고 뮐러 부장과 슈미트 팀장한테 잘못 걸리지 않게 조심해요." 새내기 직장 동료는 자신이 산 채로 지옥에 떨어진 것 같은 느낌을 받는다.

새로 입사한 직장 동료들이 얼마간 시간이 지나서 베티나의 실체를 알게 된다 해도 어렵기는 마찬가지다. 그녀가 자발적으로 그들을 놓아주는 일은 없을 것이기 때문이다. 새내기 사원들이 일에서 긍정적인 면을 찾을 때마다, 그리고 그들이 성과를 거두어 기뻐할 때마다 그녀는 상냥하게 찾아가 그 기분을 망칠 때까지 계속 푸념을 늘어놓을 것이다.

혹시 당신이나 당신 주위의 이야기는 아닌가?

프로 불만러에게 효과적으로 대처하는 법

프로 불만러에게 특효 처방을 쓰기 전에 먼저 이 기분 도둑을 확실히 알아보는 법부터 배워야 한다. 누구나 가끔 우울한 기분이 들 때가 있는데, 그것을 가지고 그들이 징징거리는 프로 불만러라고 할 수는 없다. 사람은 때로 그냥 자기 문제를 귀 기울여 들어줄 누군가가 필요한 법이다. 근심은 나누면 더 작아지기 때문이다. 또 어떨 때는 그냥 우리에게 위로의 말을 해주면서 상황이 그렇게 나쁘지만은 않다는 것을 확신시켜줄 누군가를 필요로 한다.

사람들은 그런 사실을 잘 알고 있기 때문에 대부분 남의 문제를 들어주기 위해 귀를 열어놓고 있다. 그런데 바로 여기서 프로 불만러는 사람들의 선의와 신뢰를 교활하게 악용한다. 그런 수작에 넘어가지 않기 위해서는 누군가 당신에게 문제점이나 근심 걱정, 고민거리에 대해서 이야기를 늘어놓을 때 바짝 정신을 차려야 한다.

상대방이 오로지 당신의 기분을 망쳐놓을 작정으로 문제점에 대해 이야기하는 게 아닌지 의심이 된다면 조심스럽게 프로 불만러 테스트를 해보라. 프로 불만러 테스트의 첫 단계는 문제점에 대한 대화가 이어지는 중간에 상대방에게 긍정적인 측면을 지적하는 것이다. 혹 상대방이 당신의 말에 개의치 않고 푸념을 계속한다면 일단 의심해봐야 한다. 그럴 땐 다음 단계의 테스트를 통해 확실히 구별할 필요가 있다. 다음 단계는 이야기가 나온 문제점에 대한 구체적인 해결책을 제시하는 것이다. 혹 상대방이, 그 문제 해결책이라는 것도 다 허사라는 식으로 장황하게 설명하면서 빠져나가려고 하면 당신은 지금 프로 불만러를 상대하고 있다고 확신해도 좋다.

만일 상대방이 당신의 해결책에 거부적인 반응을 보이고 나서, 다시 본격적으로 푸념을 시작한다면 더 이상의 테스트는 필요 없다. 그가 프로 불만러라면 당신의 해결책 제시가 그의 세계관을 위협하는 것 같은 느낌이 들기 때문에, 당신이 제시한 모든 해결책이 얼마나 헛된 일인지 당신에게 보여주려는 사명감을 갖게 된다. 그래서 그는 이 문제에서 저 문제로 건너뛰며 우울과 절망의 그물로 당신을 꼼짝하지 못하게 에워싸려 할 것이다.

프로 불만러 테스트

- 상대가 말하는 문제에 대한 긍정적인 측면을 지적해본다.
- 상대가 말하는 문제에 대한 구체적인 해결책을 제시해본다.
- 소용이 없다면, 상대가 프로 불만러라고 생각해도 무방하다.

프로 불만러 테스트를 통해 당신이 지금 기분 도둑을 상대하고 있다는 확신이 든다면 조심해야 한다. 당신도 알고 있을 테지만, 부정적인 느낌의 흡인력은 실로 엄청나다! 언제 마음이 약해져서 절망의 소용돌이에 휩쓸려 들어갈지 모를 일이다. 그러면 다시 희망의 강가로 구조되어 나오기가 무척 힘들다.

프로 불만러는 자신의 감정을 한껏 부정적으로 몰고 가야만 직성이 풀린다는 것을 명심하라. 자세히 살펴보면, 상상을 초월하는 대재난에 관한 이야기를 할 때 그가 살짝 미소 짓는 것을 볼 수 있을 것이다. 그러므로 그와 대화를 나눌 때 세상이 얼마나 아름다운지 그를 설득하려고 애쓰면서 괜히 상황을 더 어렵게 만들지 말라. 그는 일단 부정적인 감정에 중독이 되었으므로 당신이 그것을 어떻게 할 수는 없다.

프로 불만러와의 만남을 지속해야만 한다면 감정의 어두운 면을 놀이하듯 가볍게 다루는 습관을 들여라. 그의 말을 너무 진지하게 받아들이지 말고 한 번쯤 똑같은 방법으로 반격을 가해보라. 말하자면 당신이 조금 한술 더 떠 장단을 맞춰주는 식으로 그를 안심시키는 것이다. 상대방이 끔찍한 소식으로 당신의 기분을 망치려고 할 때마다 훨씬 더 잔혹한 이야기를 들이대는 것으로 되받아칠 수 있다. 그러면 당신은 프로 불만러가 즐겨 쓰는 무기를 역이용하여 그를 물리치는 셈이다.

예컨대 상대방이 광우병에 대해 불만을 토로하면, 환경호르몬에 오염된 돼지고기에 주의를 환기시킨다. 또 그가 조류독감으로 화제를 바꾸면 뇌 손상을 가져오는 스마트폰 전자파를 가지고 반격한다. 아마 상대방은 자신의 의견에 동조하는 당신을 호의적으로 받아들여서 여느 때보다 더 빨리 당신을 놓아줄 것이다. 그의 관점에서 볼 때 당신은 이제 올바른 세계관을 가지게 되었기 때문이다. 당신을 더 이상 설득하기 위해 애쓸 필요가 없어진 그는 다른 제물을 찾아 떠날지도 모른다. 얼마 동안 놀이하듯 이렇게 상대하다 보면, 좀 더 마음의 여유를 가지고 그를 대할 수 있을 것이다.

한편 직장에 프로 불만러가 있다면, 그를 약간 더 엄하게 다뤄야 할 때가 있다. 잠시 워밍업을 한 후 "충분히 푸념했으니까 이제 좋은 소식 좀 들어봅시다! 맡은 업무는 잘 되어가고 있나요?" 하는 식으로 그의 말을 중단시키라. 그러면 그를 잠깐씩이나마 유능한 일꾼으로 만들 수 있을지도 모른다.

다음과 같은 감언이설이 그의 기분을 누그러뜨릴 수도 있다. "당신이 그토록 많은 난관에도 불구하고 힘을 내어 이렇게 일을 잘 해내다니 정말 놀랍군요!" 좀 비꼬고 싶은 마음이 든다면 이런 식으로 말하라. "대단하네요. 당신하고는 정말 실컷 푸념을 할 수 있다니까요. 그리고 나면 얼마나 기분이 좋은지 몰라요!" 만일 그가 줄기차게 떠들어댄다면, 그것을 막기 위해 치명타를 날려야 할 때도 있다. "그래요. 걱정거리는 계속 늘어가기만 할 뿐이죠. 우리가 100년 후에는 살아 있지 않아서 얼마나 다행인지 몰라요. 그때는 모든 게 지금보다 훨씬 더 나쁠 테니까요"라는 식으로 말이다.

이 기분 도둑의 경우 때로는 그의 음흉한 게임을 같이 해도 좋다. 물론 당신이 언제든 게임의 규칙을 분명하게 자각하고 있을 때만 가능한 일이라는 단서가 붙긴 하지만 말이다. 때로 과장해서 푸념을 늘어놓는 것은 당신이 가진 문제를 오히려 조금 떨어져서 바라볼 수 있는 가능성을 열어주기도 한다. 과장하는 것은 어려운 상황을 객관화하기에 좋은 방법이다. 어쩌면 프로 불만러와 논쟁을 벌이는 동안, 당신은 자신의 근심거리를 더 가볍게 받아들일 수 있을지도 모른다.

프로 불만러 대처법

- 한술 더 떠 푸념을 늘어놓는다.
- "그건 그렇고, 맡은 일은?" 방법으로 화제를 전환한다.
- 그가 얘기하는 모든 악조건 속에도 잘하고 있음을 칭찬한다.
- 무엇보다 그의 푸념에 말려들지 말고 하나의 게임처럼 가볍게 즐긴다.

5장

불신 끝판왕을 길들여라

"불신 끝판왕은 겁쟁이다. 누군가 친절히 손을 내밀 때마다
이 기분 도둑은 상대방이 주먹을 숨기고 있을 거라고 의심한다."

불신 끝판왕 역시 우리가 날마다 접하게 되는 기분 도둑에 속
한다. 프로 불만러와 마찬가지로 이 기분 도둑도 사람들을 근심
걱정과 불안으로 괴로워하게 한다. 하지만 그와 같은 두려움을
어떻게 표현하는지에 따라 두 유형은 차이가 난다. 프로 불만러
의 경우 문제점이나 우울함, 비참함 같은 것이 밤낮을 가리지 않
고 자신에게서 솟구쳐 나오기 때문에 끊임없이 앓는 소리를 하고
푸념을 해대는 것으로 쉽게 알아볼 수 있는 반면, 불신 끝판왕은
사정이 전혀 다르다.

특기는 모든 것에 대한 의심과 비난

불신 끝판왕은 같이 징징거릴 동지를 찾기보다 의식적으로 다른 사람들과 거리를 두려 한다. 만일 그가 극도의 불안감과 노이로제로 인해 완전히 사람들과 접촉을 끊고 더 이상 집 밖으로 나올 생각을 하지 않는다면, 그에게는 안된 일이겠지만 사실 우리에게 그렇게까지 해가 될 것은 없다. 문제는 그가 우리에게 그런 호의를 베푸는 일이 아주 드물다는 것이다. 오히려 그는 자신의 불신을 유감없이 발휘하여 우리를 괴롭힐 때가 훨씬 더 많다. 목소리에 원망스러운 분위기를 담아 빈정대고 비꼬는 말을 늘어놓기 시작해서는, 곧 인신공격과 비난을 일삼다가 결국 드라마틱한 어조로 우리의 기분을 망치기에 이른다.

직장에서든 가정에서든, 또 친구나 지인들 사이에서든 상관없이 우리는 줄기차게 불신 끝판왕을 접하게 된다. 이들을 피하기가 더 어려운 것은, 그들이 항상 못된 모습만 보여주는 것이 아니라 아무렇지도 않은 듯 태연하게 보일 때도 있기 때문이다. 그러므로 그들을 상대할 때는 절대 마음을 놓아서는 안 된다. 불신 끝판왕은 급작스럽게 공격을 가해서 더 큰 효과를 내도록 부추기곤 한다.

불신 끝판왕 직장 상사는 예컨대 이런 말로 순식간에 당신의 좋은 기분을 망쳐놓을 수 있다. "자네한테는 그 일이 벅차다는 걸

진작부터 알았지!" 또 불신 끝판왕 배우자는 "처음부터 너를 반대한 우리 엄마 말을 들었어야 하는 건데!"라는 말을 내뱉기도 한다. 그런가 하면 친구는 당신에게 서슴없이 이런 식으로 공격을 가할 것이다. "네가 제대로 보조를 맞춰주지 않으리라는 건 애초부터 보나 마나 뻔한 사실이었는데." 물론 이 세 가지 경우는 당신이 정말로 어리석은 일을 저지른 것이 아니라 마른하늘에 날벼락처럼 상대방에 의해 갑작스러운 책임 전가와 인신공격을 당하는 것이다.

그들의 행동이 특히 불쾌한 이유는, 마치 얼굴을 정통으로 얻어맞은 것과 같은 충격을 주기 때문이다. 사실은 부당한 것임에도 불구하고 그런 비난은 우리에게 심한 상처를 준다. 불의의 습격을 받은 우리는 가까스로 호흡을 가다듬고 평정을 유지하려고 애쓰면서, 비판적으로 자신의 행동을 되짚어보기 시작한다. 나도 모르는 사이에 뭔가 잘못을 저질렀나? 혹시 그럴 만하니까 이런 비난을 받는 건 아닐까? 상대방이 주장하는 것처럼 정말 내가 무슨 문제가 있는 것은 아닐까?

그런 생각을 하는 사이 당신은 이미 불행의 덫에 걸려드는 것이다. 당신은 결국 자기비판적인 생각에 몰두하여 절망에 빠지거나 역으로 그 사람을 비난하며 반격하게 된다. 두 결과 모두 당신의 즐거운 기분을 해치는 것은 마찬가지다. 불신 끝판왕의 게임에 빠져들어 그가 말하는 대로 생각하다 보면 그의 암울한 세계관을 받아들이는 것은 시간문제다. 그러다 보면 일상에는 어느새 밝은 햇빛이 사라지고, 먹구름만 우리 위에 드리워진다.

자신의 삶에서 행복한 순간을 더 많이 느끼고 싶은 사람이라면 피할 수 없는 불신 끝판왕과의 싸움에 철저히 대비해야 한다. 이 위험한 행복 훼방꾼에게 적절히 대처하기 위해서는 먼저 그를 꿰뚫어 보는 법을 배워야 한다. 이제 그 방법을 터득하기 위해 다음과 같은 문제들을 같이 살펴보기로 하자. 불신 끝판왕은 어떻게 삶에서 빛보다 그늘을 더 많이 보게 만드는가? 그것을 통해 어떻게 다른 사람들의 기분까지 망치는가? 과연 불신 끝판왕을 길들일 방법이 있는가?

과거의 상처가 불신을 키운다

불신 끝판왕은 어린 시절에 상처받은 경험이 있는 경우가 많다. 누구나 한때는 두 팔을 활짝 벌리고 세상을 반기는 사랑스러운 아이였다. 하지만 안타깝게도 어떤 사람들은 주변 환경이 두 팔 벌려 아이를 환영해주기는커녕 오히려 한 번 이상 앞길을 가로막거나 아이에게 벽을 향해 달리도록 만들었을 것이다. 아이는 칭찬과 인정을 받고 싶어 했으나, 돌아오는 것이라고는 비판과 무시, 거부뿐이었다. 다른 친구들이 신뢰의 달콤한 느낌을 맛보는 동안 아이는 조롱과 멸시의 맛이 얼마나 쓰디쓴지 깨달아야 했다.

아이가 무엇을 하든 부모는 만족하지 않았다. 네 살 때 아이가 집을 그려서 보여주자 부모는 못마땅한 듯 이렇게 말했다. "이런 엉터리 그림이 어디 있어? 굴뚝과 현관문의 비율이 전혀 맞지 않잖아. 그리고 직선도 똑바로 그었어야지!" 또 아홉 살 때 받아쓰기에서 90점을 받아온 아이는 부모한테서 잔소리를 들어야만 했다. "네가 공부를 더 열심히 했더라면 100점도 받을 수 있었을 텐데!" 그리고 어른이 된 지금은 가족 모임에서 이런 소리를 듣곤한다. "학교 다닐 때 네가 좀 더 열심히 했더라면 훨씬 더 나은 사람이 될 수 있었을 텐데. 네 사촌 좀 본받으렴!"

언젠가부터 그는 체념하고 운명에 자신을 내맡겼다. 그때 불신 끝판왕은 조용히 다가와 아무도 믿지 말라고 그에게 속삭였다. 저항할 힘이 없었던 그는 그 말에 따라 차츰 불신에 가득 찬 태도로 남을 대하기 시작했다. 그때부터 그를 만족시킬 수 있는 사람은 아무도 없었고, 지금까지도 그렇다. 그는 기회만 있으면 다들 너무 노력을 안 한다고 비난한다. 또 철저하게 완벽해야 하는 자신의 기준에 못 미치는 것이 있으면 가차 없이 불만을 터뜨린다. 그래서 그는 99퍼센트'밖'에 해내지 못한 성과에 대해 혹독하게 비판을 해댄다. 자신이 요구한 100퍼센트를 해내지 못했다는 것이다.

어린 시절로 거슬러 올라갈 필요 없이 가까운 과거에 상처를 받은 사람들도 역시 불신 끝판왕의 좋은 먹잇감이다. 예를 들어 언젠가 남녀 관계에서 크게 배신을 당한 사람은 현재의 관계에서도 상처를 받게 되진 않을까 걱정하기 쉽다. 그럴 때 불신 끝판왕은 속삭인다. "내 그럴 줄 알았지. 그가 너를 진심으로 사랑하지 않는다는 건 처음부터 확실했다니까?"

이렇게 불신 끝판왕의 영향력 아래 오래 있던 사람들은 심지어 불신 끝판왕의 부추김에 의해서가 아니라 스스로의 만족을 위해 끊임없이 불신하는 성향을 키우기도 한다. 스스로가 느끼는 자신의 불완전함을 견뎌내기 위해 기회가 있을 때마다 다른 사람들이 거둔 성과를 헐뜯는 것이다. 자신의 실제 모습과 인간으로서 자신이 지닌 장점과 단점을 받아들이는 대신에, 그는 자신을 우둔한 데다 재능도 없고 한심하게 여긴다. 그래서 그는 자기가 스스로에게 하는 것과 똑같이 남들도 경멸하면서 그들을 끌어내리려 한다. 주변 사람들이 자기 자신처럼 불충분해 보일 때까지 온갖 수단을 다 동원하고 나서야 비로소 그는 만족한다.

이로써 우리는 불신 끝판왕이 세상에 접근하는 방식을 알아낸 셈이다. 말하자면 이 기분 도둑은 사람들이 멸시와 깎아내리기를 통해 세상과 소통하도록 유도하는 것이다. 보통의 사람들이 낯선 사람과 접촉을 시도하기 위해 가벼운 잡담을 나누며 이런저런 칭찬을 하는 것과 마찬가지로, 불신 끝판왕들 역시 나름대로 세상과 소통하려 한다. 문제는 그것이 정반대의 방식이라는 것이다.

다른 사람들이 느긋한 태도로 남들에게 접근하는 동안, 이들은 처음 만났을 때부터 삐딱한 태도를 취하며 까닭 없이 비판을 하거나 상대방을 깎아내린다.

인내심과 이해심 많은 주변 사람들이 진작부터 그들에게 "만성적인 불신이 지속되면 외로워지기만 할 뿐이다"라고 충고하지만, 그는 매번 고집스럽게 그와 같은 말을 무시해버린다. 불신 전문가로서 그는 신뢰가 삶에 결코 이로울 것이 없음을 보여주는 수많은 예를 제시할 수 있다.

누군가가 그들에게 "친절한 미소나 상냥한 말로 다른 사람에게 더 쉽게 접근할 수 있다"고 말하면, 이들은 자신의 느낌을 거짓으로 꾸며대는 것은 위선이라며 버틴다. "좋은 친구는 삶을 풍족하게 해준다"고 얘기하면 이들은 사적인 이야기를 너무 많이 털어놓음으로써 빚어질 수 있는 위험성에 대해 구구절절 늘어놓는다. 그리고 사랑의 힘을 얘기하면, 그는 계속 증가하고 있는 이혼율을 지적한다.

그러다 결국 그는 그나마 그에게 호의적이었던 마지막 친구까지 잃고 만다. 그는 세상의 즐거움에 마음의 문을 열 기회가 충분히 있었다. 그러나 아무리 호의적인 마음도 신뢰하지 않기로 선택했기 때문에 익숙하지만 암울한 자신의 세계 안에 계속 머물게 된 것이다.

가여운 마음이 드는가? 좋다. 하지만 더 중요한 것은 불신 끝판왕들이 우리의 기분을 망치지 않도록 주의하는 일이다. 이제 우리의 기분을 망치기 위해 이들이 어떤 식으로 행동하는지 알아본 다음, 그들을 길들일 수 있는 몇 가지 요령을 소개하기로 하겠다.

아무것도 믿을 수 없어!

다음 사례는 불신 끝판왕이 얼마나 많은 잘못을 저지를 수 있는지 단적으로 보여준다. 우리가 그의 삶에서 어느 하루를 의도적으로 유별나게 묘사했음을 미리 말해두어야겠다. 실제 삶에서는 그의 행동이 이렇게까지 노골적이지 않기를 바라면서.

> **기분 도둑 이야기**
>
> 클라우스는 불신을 부추기는 악마에게 사로잡혀 있다. 그는 출근하기 위해 아침 일찍 일어나면 제일 먼저 자명종부터 미심쩍은 눈길로 살펴본다. 혹시 자명종이 울려야 할 시간에 착오가 생겨 뜻하지 않게 한 시간 일찍 잠에서 깬 것은 아닐까? 물론 시간은 제대로 맞춰져 있다. 이제 클라우

스는 집 안에서까지 항상 촉각을 곤두세우고 조심해야 한다는 것이 짜증스럽다.

아이들이 이를 닦고 즐겁게 욕실에서 나온다. 그것을 보고 제일 먼저 그의 뇌리를 스쳐 지나가는 생각은, 아이들이 즐거워하는 걸 보면 욕실을 엉망으로 어질러놓았거나 치약 뚜껑을 닫지 않은 게 틀림없다는 것이다. 그는 엄격한 눈길로 욕실 안을 둘러본다. 그리고 우려와는 달리 아무 일도 없음을 확인하고서도 이렇게 생각한다. '좀 더 조심을 할 수도 있으련만!'

정성스럽게 차려진 아침상도 그에게는 수상하게만 여겨진다. 그래서 그는 조심스럽게 커피를 홀짝거리며 맛을 본다. 아이들이 마냥 즐거워하는 것은 뭔가 나쁜 장난을 쳤다는 암시일 수도 있으니까 말이다. 어쩌면 아이들이 그를 화나게 만들려고 그가 욕실에 있는 동안 모닝커피에 몰래 찬물을 넣었을지도 모를 일이다. 그의 커피는 여느 날처럼 아무 이상이 없다. 하지만 그는 내일 또 아이들이 무슨 일을 꾸밀지 모른다고 생각하면서 미리부터 잔소리를 해댄다.

이번에는 상냥하게 아침 인사를 하는 아내를 보고 뭔가 꿍꿍이가 있을 거라고 집작한다. '집사람은 이처럼 내 주의를 다른 데로 돌려서 무언가 숨기려는 게 분명해.' 가만히 생각해보니 최근 들어 아내가 욕실 청소를 매일 하지 않고 이틀에 한 번씩 한다는 사실이 문득 떠오른다. '설마 집사람이 내가 뼈 빠지게 일해서 버는 돈을 청소 도우미한테 갖다 바칠 생각을 하고 있는 건 아니겠지?' 클라우스는 아내가 청소 도우미를 쓰자는 요구를 아예 입 밖에도 내지 못하도록 먼저 일장 연설을 한다. 청소 도우미는 처음엔 열심히 일을 하는 척하다가 귀중품이나 현금을 들고 달아나버릴 거라는 내용이다. 남편이 왜 뜬금없이 그런 말을 하는지 의아스럽기만 한 그의 아내는 오늘 대청소를 할 생각이라면서 자리에서 일어난다. 하지만 그것으로 만족하지 않고 클라우스는 청소를 지속적으로 하지 않는 것이 온 가족의 건강에 얼마나 해가 될 수 있는지에 대해 또 훈계하기 시작한다.

회사에 와서도 클라우스는 자신의 부정적인 게임을 계속한다. 복도에서 마주친 여직원이 상냥하게 미소를 지어도 그는 인사조차 하지 않고 도대체 무슨 생각으로 공동 프로젝트의 부분 시안을 정해진 기한보다 하루 앞당겨 제출했느냐고 그녀에게 불평을 해댄다. "어쩌면 그토록 무책임하게 행동할 수가 있습니까? 그런 식으로 지나치게 빨리 일을 처리하면 다른 팀원들이 압박감을 느껴 결국 전체 프로젝트에 악영향을 주게 될 텐데요."

자기가 술을 사겠다는 새내기 직장 동료의 인심 좋은 제안도 클라우스는 당연히 무슨 꿍꿍이가 있는 수작으로 받아들인다. "우리는 그렇게까지 서로 잘 아는 사이가 아니잖아요. 부모님은 어릴 때부터 낯선 사람이 주는 것은 경계하라고 엄하게 가르치셨죠. 이 세상에 공짜는 아무것도 없어요. 그리고 괜히 빚을 지는 건 나도 싫고요." 새 직장 동료는 기분이 나빠져서 전화를 끊는다. 클라우스는 마침내 모든 문제는 깔끔하게 마무리 지었다는 느낌에 사로잡힌다. 그가 아침부터 저녁까지 스스로 확인한 것은 자신이 끊임없이 의심을 가지고 조심하면서 다른 사람들을 경계하지 않으면 삶이 금세 엉망진창이 되리라는 것이다.

만족스럽게 소파에 몸을 기대며 클라우스는 다음 날도 음모와 술책 그리고 무능함을 감지해내는 자신의 재능이 또 한 번 빛을 발하기를 기대해 본다.

혹시 당신이나 당신 주위의 이야기는 아닌가?

불신 끝판왕에게 효과적으로 대처하는 법

당신이 불신 끝판왕과 대화할 때 첫 번째로 알아두어야 할 사항은 절대 '불신'이나 '신뢰' 같은 것을 주제로 잡아서는 안 된다는 것이다. 끊임없는 불신의 무의미함에 대해 먼저 이야기를 꺼내며 토론을 벌이려 하지 말라. 당신이 신뢰의 좋은 예를 들 때마다 상대방은 불신의 예로 맞설 것이고, 그런 식으로 당신은 지리멸렬하게 이어지는 갑론을박에 서서히 지쳐서 결국 기분을 망치게 될 것이다.

그보다는 불신 끝판왕의 전략에 주의를 집중해보자. 불신 끝판왕은 우리를 일단 의심부터 하도록 만든다. 불신 끝판왕이 당신을 공격한다면, 그것은 어떤 사실에 근거를 두고 하는 말이 아니다. 당신은 그저 우연히 그의 덫에 걸려든 것뿐이다. 다른 사람들도 누구나 똑같은 일을 당할 수 있다. 그러므로 그의 말이 옳을지도 모른다는 생각으로 자신을 괴롭히지 말자. 그를 대할 때는 적당히 거리를 유지하는 것이 좋다.

클라우스가 자기 아이들을 어떤 식으로 대했는지 기억을 떠올려보라. 아이들도 틀림없이 그를 만족시키기가 대단히 힘들다는 것을 알았을 것이다. 그래서 아이들은 세월이 흐르면서 그의 만성적인 불신에 충분히 거리를 두는 길밖에 없다는 것을 깨닫게 된다. 아빠가 발작적으로 의심을 하기 시작할 때 아이들이 '아, 5분 동안 또 아무도 못 말리는 아빠가 되겠군!' 하고 생각할 수 있다면 천만다행이다. 클라우스는 아이들을 정말로 못마땅하게 여겨서라기보다, 단순히 자신의 비판적인 세계관을 표출하느라 바빠서 그러는 것일 가능성이 더 높다. 그러므로 아이들로서는 그의 비판을 그다지 심각하게 받아들이지 않는 편이 낫다. 나아가 더 권장할 만한 것은 성공에 대한 기준을 아빠의 잣대가 아닌 자기 나름의 것으로 세우는 일이다. 거기까지 다다른다면 아이들은 결국 자신감을 키워갈 수 있을 것이다. 아빠에게 부족한 바로 그 자신감 말이다.

당신도 불신 끝판왕을 만나면 그런 식으로 처신해야 한다. 그를 만족시키려고 애쓰면 애쓸수록 당신은 그의 비현실적인 생각 때문에 좌절감만 맛보고 오히려 그의 불신을 부추기게만 될 것이다. 그러므로 대화로 그를 설득하려 하기보다는 적당히 거리를 유지하는 편이 낫다. 불신 끝판왕에게 너무 가까이 접근하는 사람은 칭찬이나 친밀감을 얻기커녕 봉변만 당하기 십상이다.

직장에서도 가능하면 불신 끝판왕을 피하는 것이 상책이다. 우선 그가 융통성도 없고 자신이 검증한 것만 신뢰한다는 점을 십분 이용하라. 이를테면 클라우스가 다니는 회사의 여직원은 그가 사무실 안에서 1분도 어기지 않고 매번 같은 일정에 따라 같은 코스로 움직인다는 사실을 이용하여 회사 복도에서 그와 마주치는 것을 피할 수도 있다. 그러니까 회사에서 불신 끝판왕을 피해 갈 수 있는 여지가 있으면 어떤 경우라도 반드시 그렇게 해야 한다.

하지만 어쩔 수 없이 그의 일장 연설을 듣게 되었다면, 중간에 정중하면서도 단호한 태도로 다음과 같이 이야기하는 편이 좋다. "감사하지만, 제 일은 제가 알아서 하겠습니다." 당신이 대담한 사람이라면 다음과 같이 덧붙일 수도 있다. "그쪽이 맡은 일은 잘되어가고 있는지요?"

혹은 적당한 기회를 잡아 다음과 같이 의표를 찔러 말함으로써 그의 호감을 살 수도 있다. "당신이 나를 믿지 않는다는 건 잘 알고 있어요. 이해해요. 나도 내 자신을 믿지 않는 걸요." 당신의 말에 그가 의아한 듯 "네? 당신 자신을 믿지 않는다고요?" 하고 반문해 오면 이렇게 대꾸하라. "요즘 세상에 누가 누구를 믿을 수 있겠어요?" 그러면 그는 생전 처음으로 누군가 자신을 이해해주는 것 같은 느낌을 받을 것이다. 하지만 그렇다고 해서 그가 당신을 정말로 좋아하게 되리라고 기대하지는 말라. 이것은 단지 당신도 그의 세계관을 공유하고 있음을 알림으로써 그를 안심시키려는 전략일 뿐이다.

만일 당신의 직장 상사가 불신 끝판왕이라면, 그가 사람에 대한 불신 때문에 남들에게 쉽사리 일을 맡기지 못한다는 점을 이용하라. 믿고 일을 맡길 만한 부하 직원이 하나도 없다는 그의 선입견이 옳음을 확인시켜주는 것이다. 그래서 상사가 중요한 업무나 프로젝트를 최대한 많이 혼자 붙들고 있게 만들라. 그러다가 괜히 입장이 곤란해져서 일자리를 잃게 되는 건 아닐까 하는 염려는 붙들어 매라. 틀림없이 그와 정반대의 결과를 얻을 테니 말이다. 어차피 직장 상사가 불신 끝판왕이라면 당신이 아무리 일을 잘해도 인정받기는 그른 일이다.

그러므로 가끔 한 번씩 어찌할 바를 몰라 하거나 일을 버거워하는 것처럼 행동하라(다만 회사 사람들한테 당신이 정말로 무능하다는 인상을 주지 않도록 가급적 상사와 둘만 있는 자리에서 그렇게 해야 한다). 그런 식으로 당신은 상사의 불신이 타당함을 입증해줌으로써 자기가 없었으면 회사가 벌써 망했을 거라는 만족감을 그에게 선사할 수 있다. 어쩌면 그 덕분에 상사 혼자 밤새도록 사무실에 앉아, 당신이 금세 해치웠을 법한 일을 붙잡고 낑낑대는 통에 당신은 여가 시간을 더 얻을지도 모른다.

친척들이 모인 자리에서도 불신 끝판왕은 기분 도둑의 진면목을 보여준다. 그런 자리에서는 어떤 방법으로 불신 끝판왕을 피해갈 수 있을지 미리 살펴보아야 한다. 예를 들어 어르신의 생신 등으로 일가친척들이 모인 자리에서 "될성부른 나무는 떡잎부터 알아본다고 네가 이렇게 별 볼 일 없어질 줄 내 진작에 알았지!"라며 당신을 못마땅해하는 삼촌 옆에 앉는다면 당신은 그곳에 들어서는 순간부터 기분을 망칠 각오를 해야 한다. 당신이 나름대로 성공했음에도 불구하고 그는 버릇처럼 계속 당신을 흠잡으려할 것이다.

그럴 때는 술로 속상한 마음을 달래기보다, 좀 일찍 모임 장소에 가서 테이블에 놓인 이름표를 슬쩍 바꿔치기하는 것이 좋다. 어떤 방법으로든 불신 끝판왕에게서 최대한 뚝 떨어져 앉을 수 있게 미리 손을 써두라. 아니면 독감에 걸린 척하고 집에서 당신을 행복하게 만드는 일이나 사람들과 함께 즐거운 시간을 보내는 것도 간단한 방법이다.

지인들과의 관계에서도 불신 끝판왕과 상종하는 것은 되도록 피해야 한다. 혹 어쩔 수 없이 만나야 한다면 그가 자기 자신에게만 신경을 쓰게 만들라. 당신이 다른 사람들과 유쾌한 시간을 보내는 동안 불신 끝판왕을 몰두시킬 만한 이야깃거리를 생각해내는 것이다. 예컨대 레스토랑 안에서 무심코 하는 말처럼 이렇게 미끼를 던져보라. "이 가게는 위생 상태가 엉망이래. 그 확실한 증거를 식품의약품안전처가 찾아내지 못한 덕분에 장사를 계속할 수 있는 거라던데." 그러고는 투쟁적인 말을 덧붙이는 것이다. "우리가 눈을 크게 뜨고 살펴봐야 해. 뭔가 증거를 찾아낼 수 있을지도 모르니까!" 그러면 그다음부터 그는 모임에 나오는 것보다 집에 있는 것을 더 좋아하게 되고, 당신은 비교적 수월하게 친구들과 즐거운 시간을 보낼 수 있을 것이다.

당신의 연인이 불신 끝판왕이라면 안된 일이다. 그나마 다행인 것은 불신 끝판왕은 특유의 회의적이고 비판적인 태도 덕분에 처음부터 확실하게 식별 가능하다는 것이다. 그러므로 당신이 정말로 그의 비난을 계속해서 견딜 수 있을 만큼 둔감한 성격인지 잘 생각해보라. 태연함과 스스로에 대한 흔들리지 않는 믿음이야말로 불신 끝판왕과 함께하는 시간을 무탈하게 견뎌내고, 나아가 그가 기분 도둑에서 벗어나는 데 없어서는 안 될 전제 조건이다.

불신 끝판왕 대처법

- 불신 끝판왕이 있다면 일단 무조건 피하고 보라.
- 피할 수 없다면 정중한 태도로 선을 그어라.
- 절대 자책의 늪에 빠져들지 말라. 그의 비난과 불신에는 타당한 근거가 없다.
- 당신 역시 그와 같은 세계관을 공유하고 있음을 알려 안심시키라.
- 그가 자신의 의심에 더욱 빠져들도록 도와라.
- 무엇보다 스스로에 대한 믿음을 갖고 마음을 굳게 먹어라.

6장

잘난 척쟁이에게
한 방 먹여라

"잘난 척쟁이는 억지를 부리려 한다.
그가 당신의 기분을 훔쳐 가지 못하도록 조심하라."

이제부터 다루게 될 교활한 기분 도둑은 잘난 척쟁이다. 이 기분 도둑은 누가 묻지도 않았는데 뭐든 아는 체를 하면서 논쟁을 벌인다. 또한 자신을 모르는 게 없는, 또는 항상 옳은 말만 하는 전문가라고 생각한다. 그는 자신이 생산적인 토론을 하고 있다고 착각하겠지만, 사실 잘난 척쟁이는 의견을 교환하는 것에는 도통 관심이 없다. 이 기분 도둑은 단지 사람들이 각자의 생각을 장황하게 떠들도록 만들 뿐이다. 결국 모두의 기분은 엉망이 되고 만다.

쓸데없이 장황하게 말하기

잘난 척쟁이는 주로 자신이 충분히 친절하고 똑똑하다는 착각에 빠져 있다. 그들은 서서히 그리고 은근슬쩍 우리에게 다가온다. 처음에 그들은 일단 시간 여유를 갖고 이해심이 있는 척하면서 우리에게 관심을 보인다. 그건 마치 거미가 몸을 낮추고, 넓게 짜놓은 거미줄에 가만히 앉아 다른 누군가가 걸려들기를 참을성 있게 기다리는 것과 같다. 만일 먹잇감이 걸리면 그는 먹잇감의 몸을 자신의 거미줄로 칭칭 감아 빠져나가지 못하게 한 다음 자신이 품고 있던 독을 뿌려댈 것이다.

기질에 따라 잘난 척쟁이들은 좀 더 적극적으로 행동하기도 한다. 그럴 때 그는 먹잇감을 감시하는 파리잡이거미jumping spider와 같다. 안 보이는 곳에 숨어서 먼저 먹잇감을 관찰한 다음 방어 능력이 있는지 없는지 살펴보는 것이다. 먹잇감이 충분히 무력해 보이면 그는 의견을 교환하는 척하며 먹잇감이 가까이 오도록 유인한다. 이때 분별없는 말로 약점을 노출하는 사람은 그에게 옴짝달싹하지 못하게 붙잡혀서 더 이상 빠져나올 수 없다.

소극적이든 적극적이든 이 두 가지 행동 방식은 똑같이 비열하게 느껴진다. 처음에는 우리가 그를 마치 굉장히 이해심 많고 친절한 사람인 것처럼 착각하게 하기 때문이다. 실은 못된 기분 도둑에 불과했다는 사실을 깨닫는 것은 언제나 그 덫에 걸려 한

참 몸부림친 후다.

상대방이 어떤 주제든 자신의 생각을 상세하고 장황하게 늘어놓으려 한다면 일단 잘난 척쟁이는 아닐까 의심해보라. 강력한 또 하나의 단서는 그의 말이다. 잘난 척쟁이는 우리의 좋은 기분을 공격할 때 다음과 같은 말을 즐겨 사용한다. "내가 단지 짚고 넘어가려는 것은…" "결국 당신이 결정할 일이지만, 다시 한번 생각해봐야 할 게 있는데…" "넌 네가 원하는 대로 할 수 있어. 하지만…" 등등이다.

겉으로 보기에 해가 될 것 같지 않은 이런 식의 말로 그는 사람들이 완전히 혼란에 빠져 방향감각을 잃어버릴 때까지 독을 뿌려댄다. 확신이 있는 곳에는 의심과 우려의 씨를 뿌리고, 기대감이 충만한 곳에서는 회의감을 불러일으키는 것이야말로 이 악마의 목적이다.

잘난 척쟁이는 진지한 토론을 원하는 사람들과는 달리 상대방이 반론할 여지를 두지 않는다. 상대가 반론하려 하면 줄기차게 이의를 제기하여 그의 생각을 흐려놓는다. 이때 잘난 척쟁이가 즐겨 사용하는 파괴적인 무기가 있는데, 이름하여 '쓸데없이 장황하게 말하기'라는 것이다. 이 기술을 사용하면 대개 상대방의 논거는 무너지게 마련이다. 그럴 때 그는 겉으로 감정을 드러내지 않은 채 이른바 '명백한 실제의 사실'이라든가 '수치' 또는 '분석' 따위를 내세운다.

잘난 척쟁이는 프로 불만러나 불신 끝판왕처럼 분명하게 자신의 부정적인 세계관을 내보이지 않기 때문에 식별하기가 더 어렵다. 이 악마에게 사로잡힌 사람은 당신에게 무엇이 최선인지 알려주겠다고 거듭 얘기하면서 마치 당신을 도우려는 듯 보이기 때문에 더 헷갈린다. 겉모습에 속지 말라! 그는 그 메시지와는 정반대로 당신의 기분을 망쳐놓고 말 것이다.

예컨대 지인들과의 모임에서 잘난 척쟁이는 선의의 조언가 역할을 자처하고 나선다. 당신이 그에게 다가가 환하게 웃으며 "신선한 공기를 더 많이 마시고 다시 운동도 좀 할 겸 산악자전거를 사기로 결정했어요" 하고 말을 꺼내면, 그는 먼저 당신이 운동을 하기로 결정한 것에 대해 잘한 일이라고 칭찬을 할 것이다. 하지만 곧 이렇게 단서를 붙인다. "그런데 왜 꼭 그렇게 비싼 자전거를 사려고 하지요?" 당신이 산악자전거가 탄력이 좋고 브레이크 장치가 잘 되어 있으며 세밀한 기어 변속이 가능하다는 이유를 대면 그는 이렇게 응수할 것이다. "글쎄요, 일단 이곳엔 산이 없잖아요. 로드 바이크는 공기 저항을 최소로 하는 자세를 취할 수 있어 산악자전거보다 평균 시속 10킬로미터 정도 더 빠르게 달릴 수 있지요. 진짜 운동을 하려는 사람들은 도로의 제왕이라는 로드 바이크를 선택하는 경우가 많아요."

"산악자전거는 스포티해 보이고 하니까 그냥 더 마음에 들어요"라는 식으로 당신이 자신의 취향을 갖다 댈라치면 그는 속사포처럼 겉치레를 중시하는 라이프 스타일이라든가 광고에 금방 현혹되는 소비자, 부당하게 비싼 명품 가격 등에 대한 장황한 말을 늘어놓을 것이다. 그의 말을 다 듣고 나서 산악자전거를 사고 싶은 마음이 싹 사라지면, 그는 또 이렇게 마지막 일격을 가한다. "물론 당신이 옳다고 판단되는 대로 해야지요. 하지만 레저 분야에서 일어나는 사고는 의료보험 적용이 안 될 수도 있다던데 그렇게 되면 어쩌나 싶군요. 어쨌든 당신에게 나쁜 일이 일어나지 않기를 바라며 당신을 응원할게요." 당신은 그에게 계획을 말하면 칭찬과 격려를 받을 것으로 기대했는데, 이제는 당신의 결정이 혹 잘못된 것은 아닐까 하는 찜찜한 기분과 의구심만 남는다.

잘난 척쟁이의 전략은 매번 그런 식이어서, 우리가 스스로의 생각을 고수하고 나름대로 결정을 내리는 것을 방해한다. 이런 부정적인 영향을 오래 받은 사람은 의욕을 상실하여 행동에 착수할 기력이 더 이상 없음을 깨닫게 된다. 이제 어째서 이 기분 도둑이 툭하면 우리의 기분을 망치거나 스스로에 대한 의심에 빠지도록 만들 수 있는 것인지 좀 더 자세히 알아보기로 하자.

무조건 어깃장 놓기

사람은 사회적 존재이기 때문에 다른 사람들의 조언이나 의견, 제안 같은 것을 들어보고 싶어 한다. 누구나 한 번쯤은 잘못된 결정을 내리거나 어떤 일을 필요 이상으로 어렵게 해낸 경험이 있다. 그런 상황에서는 도움이 될 만한 조언자가 있었으면, 하는 생각이 들기 마련이다. 또 이미 어떤 결정을 하고 나서도 누군가와의 대화를 통해 자기가 중요한 것을 간과하지 않았고 올바른 대안을 선택했다는 것을 확인받고 싶어 하는 사람들이 많다.

뿐만 아니라 많은 사람들이 인정이나 존중을 받고 싶어서 다른 사람들과 대화를 나눌 기회를 찾기도 한다. 그런 경우 사람들이 우선시하는 것은 자신의 결정에 대한 전문적인 조언이 아니다. 그들은 그냥 자기 이야기를 털어놓고 외부로부터 동기부여를 받고 싶은 것이다. 그래서 사람들은 작은 칭찬에도 쉽게 반가워한다.

잘난 척쟁이는 이처럼 조언이나 확인, 칭찬 같은 것을 향한 사람들의 욕구를 교묘하게 이용한다. 그래서 그는 소위 이해심 많은 경청자이자 조언자로 위장하지만, 실은 자신이 노리는 목표만 추구할 뿐이다. 진지한 토론이나 대화 상대에게 도움을 주는 것 따위는 그에게 전혀 중요하지 않다. 그의 관심사는 해결책이나 행동을 촉구하는 것이 아니라 혼란을 야기하고 교착 상태에 빠뜨리는 것이다. 그러니까 사람들에게 제동을 거는 것이 당장의 목표다.

그는 토론이나 대화를 할 때 뭔가를 따져 묻기 위해서가 아니라 그냥 무조건 어깃장을 놓기 위해 반대를 하고 나선다. 우리의 계획을 좌절시켜 일이 진전되는 것을 막고 싶어 하는 것이다. 우리가 그 난관을 헤치고 잘 해낸 경우에는 적어도 그 결과가 김빠져 보일 수 있도록 애쓴다. 그는 사람들이 제자리걸음만 걸으며 앞으로 나아가지 못하는 것을 보고 쾌감을 느낀다. 사실 그도 오랫동안 개인적인 발전이 없었다. 이것으로 그의 동기는 분명해진다. 즉, 그는 자기 자신이 아직 제자리걸음만 하고 있기 때문에 당신이 앞으로 나아가지 못하게 막고 싶은 것이다.

잘난 척쟁이가 위험한 이유 중 하나는, 그가 마치 감정에 치우치지 않고 논증하는 것처럼 보인다는 것이다. 그래서 우리는 그가 굉장히 공평하게 말하는 듯한 인상을 받을 때가 많다. 하지만 주의해야 한다. 그것은 그가 정말 객관적이고 분석적으로 어떤 것에 접근하기 때문이 아니라, 기분 도둑 때문에 실제 삶의 감정적인 영역으로 들어가는 것을 꺼리게 되었다는 것을 의미할 뿐이다. 잘난 척쟁이는 사람에게 실제로 삶을 살아내는 대신, 그것에 대해 삶의 바깥에서 이러쿵저러쿵 이야기하는 것에 그치도록 유혹한다. 그래서 예전의 고통스러운 경험으로 인해 감정을 더 이상 내보이지 않기로 결심한 사람이 있다면 그는 이 기분 도둑의 좋은 표적이 된다. 그때 이 악마는 고통스러운 감정뿐 아니라 좋은 감정까지 자신의 세계에서 내쫓아버리라고 속삭인다.

그래서 어쩌면 잘난 척쟁이는 굉장히 어른스러워 보일 수도 있다. 여기에서 한편으로는 그가 경고나 조언을 하는 것이 어째서 우리의 기분을 그토록 나쁘게 만드는지 그 이유를 짐작해볼 수 있다. 마치 우리가 어렸을 때 어른들 앞에서 비판을 당하고 잔소리를 들으면 자신이 너무 바보 같고 작아 보였던 것처럼, 그는 언제나 자기 앞에서 우리 자신이 보잘것없고 어리석은 존재라는 느낌이 들게 만드는 것이다.

안 물어봤는데요

이제 잘난 척쟁이가 어떤 식으로 자신의 약삭빠르고 교활한 전략을 실행에 옮기는지 알아보기로 하자. 이 기분 도둑은 무엇이든 물고 늘어지면서 지껄여대는 자신의 재능을 한껏 발휘하여 사람들의 기분을 망친다.

기분 도둑 이야기

세바스티안은 묻지도 않았는데 아는 체하면서 이러니저러니 얘기하는 것을 즐기는 타입이다. 그는 자기 자신을 '다른 사람들이 무언가를 근본적으로 생각해보려 할 때 언제든 도와줄 준비가 되어 있는 정말 똑똑한 친구'라고 생각한다.

사무실에서 세바스티안을 자주 마주치게 되는 곳은 복사기나 커피 자판기 앞이다. 그는 직장 동료들이 전략상 중요한 이 위치를 지나갈 수밖에 없음을 잘 알고 있다. 적당한 공격 기회를 포착하기 위해 그는 상냥한 미소를 지으며 사람들을 대화에 끌어들인다.

오늘 그의 덫에 걸려든 사람은 이웃 부서의 여직원이다. 아무것도 모르고 그녀는 고객 만족 프로젝트 팀에 자신이 차출된 것을 자랑스러운 듯이야기하기 시작한다. 세바스티안은 이렇게 좋은 기회를 놓치는 법이 없다. 더 이상 따져 물을 필요도 없이 그는 바로 프로젝트 팀에 차출되는 것이 반드시 좋아할 만한 일은 아니라는 자신의 생각을 늘어놓는다. "좋은 일처럼 들리기는 하는데, 그렇게 되면 본 업무에 지장이 생긴다는 것도 생각해봤어요? 그쪽 부서 부장님이 어떤 분인지 잘 알고 있잖아요. 본 업무를 제쳐두고 다른 일을 하느라 바쁜 것을 보면 그 부장님이 가만히 있을까요? 게다가 프로젝트 팀이라는 것도 모래성을 쌓는 것과 같아서 나중에 얻는 것이 전혀 없어요. 한 연구 결과에 따르면 언제까지라고 기간이 정해진 프로젝트 팀에 들어가는 건 별 도움이 안 되고, 차라리 기존에 속해 있는 구성원들과의 관계를 돈독히 하는 것이 더 의미가 있대요. 그러면 최후까지 버틸 확률이 높아진다는 것이지요. 성공한 코치라면 누구나 기존의 인간관계를 소홀히 하는 건 잘못일 수 있다고 입을 모아 이야기해요. 그 점에 대해서 깊이 생각해보았나요?"

조금 당황한 여직원은 그 프로젝트 팀이 경력을 쌓는 데 도움이 될 것이고 또 새로운 일을 하면 재미있을 거라면서 변명을 하려 한다. 하지만 그렇게 말함으로써 그녀는 잘난 척쟁이가 파놓은 함정에 더 깊이 빠지고 만다. 세바스티안이 고삐를 늦추지 않고 능수능란하게 이런 식으로 반격을 가하기 때문이다. "어떻게 그토록 순진할 수 있어요? 도대체 누가 허풍을 떨어서 당신이 프로젝트 팀에 들어가도록 유혹을 한 건가요? 그와 정반대의 내용이 적힌 보고서를 읽은 적이 있는데, 프로젝트 팀에 들어가면 직장에서의 승진은 기대하지 말아야 한다는 내용이었어요. 일이 재미있을 거라고요? 정신 차려요. 일은 일이에요. 재미가 있든 없든 일단 해내고 봐야 하는 거예요."

벌써 눈에 보이게 불안해진 여직원은 그래도 한 번쯤 시도해보는 건 좋지 않겠냐는 말을 던지면서 아무런 도움도 되지 않는 이 논의에서 벗어나려고 애쓴다. 하지만 그런 식으로 쉽게 그에게서 벗어날 수는 없다. 그는 다음과 같은 말로 대화를 끝맺으며 그녀를 더 깊은 혼란의 구렁텅이로 밀어 넣는다. "그게 본인한테 중요하다고 생각된다면 물론 그렇게 해야겠지요. 하지만 일이 잘 진행되면 프로젝트 팀장이 모든 공을 자기한테로 돌리고, 일이 잘 안 되면 모두들 당신을 희생양 삼아 잘못을 뒤집어씌울 테니 두고 보세요. 그럼 좋은 하루 보내시고요!"

그렇게 해서 그는 여직원의 기분 좋은 하루를 완전히 망쳐놓게 된다. 한편 그 자신은 친절한 조언으로 도움을 줬다고 생각하는 것은 물론, 은밀한 상대적 우월감까지 느꼈으므로 더없이 기분이 좋다. 그는 좋은 기분으로 퇴근 후 근처 바에 들러 한잔하기로 작정한다.

술집에 들른 그는 마지막 딱 하나 남은 스탠드바 자리에 앉아 익숙한 방식대로 뭔가 조언을 할 만한 사람이 자기 주위에 없는지 둘러본다. 옆자리에 앉은 손님을 잠재적 후보자로 포착한 그는 "커피 맛이 좋은가요?"라고 물으며 상대방을 대화로 끌어들인다. 대답 같은 건 아예 기대하지도 않고 그는 손님 앞에 놓여 있는 카푸치노 잔을 쳐다보다가 또 아는 척을 한다. "우리나라에서 좋은 카푸치노를 마시기란 결코 쉽지 않지요. 이곳에선 2등급쯤 되는 에스프레소 기계로 커피를 내린다는 거 알고 계셨나요? 그런 기계로는 물이 별로 안 뜨거워지거든요. 신문에서 읽었는데, 심지어는 레지오넬라균에 감염될 우려도 있다더군요. 커피가 잘 팔려서 기계가 쉬지 않고 돌아가기를 바랄 뿐이지요."

옆자리에 앉은 손님이 황당한 시선으로 쳐다보는데도 세바스티안은 그것을 격려의 뜻으로 받아들이고 계속 지껄여댄다. "당신을 불안하게 만들 생각은 아니었어요. 단지 카푸치노를 만들 때 최상의 결과를 얻기 위해 실제로 주의해야 할 게 몇 가지 있다는 것뿐이에요. 제가 보기에 다른 건 몰라도 거품 크림만큼은 제대로 안 된 것 같네요. 그리고 이곳에서는 종이 봉지에 담긴 설탕을 옆에 곁들이는데, 이것도 이탈리아의 전문가라면 누구나 펄쩍 뛸 일이지요." 세바스티안의 새로운 대화 상대에게도 서서히 비슷한 효과가 나타난다. 그 손님은 말없이 동전 몇 개를 스탠드바 위에 놓더니 카푸치노에는 손도 대지 않고 나가버린다.

세바스티안은 자기 자신이 마냥 자랑스럽다. 그는 자신의 중요한 진상 규명을 통해 다시 한번 불쌍한 영혼이 해를 입지 않게 지켜주었으니, 이 성공적인 날을 축하하는 뜻에서 생수로나마 축배를 들어야겠다고 생각한다.

혹시 당신이나 당신 주위의 이야기는 아닌가?

잘난 척쟁이에게 효과적으로 대처하는 법

좋은 기분을 빼앗기고 싶지 않다면 세바스티안이 다니는 회사의 여직원이나 카페에서 옆자리에 앉았던 손님과는 다른 식으로 대응해야 한다. 이때 무엇보다 중요한 것은 상대방이 단지 당신에게 어떤 특정한 견해에 대해 언급을 하려는 사람인지, 또는 당신을 의심과 혼란에 빠뜨리고자 하는 사람인지 구분하는 것이다.

예방 차원에서 미리부터 귀를 닫아버리고 상대방의 견해에 무조건 손사래를 치는 것은 옳지 않다. 물론 그것이 잘난 척쟁이의 계략을 피해 갈 수 있는 가장 간단한 방법이기는 하다. 하지만 그러면 다른 사람들과 건설적인 토론을 벌이는 일까지 포기해야 하는데, 그건 분명 당신이 원하는 바가 아닐 것이다. 그래도 어떻게든 당신의 의견을 반대하려 한다면, 상대가 잘난 척쟁이라고 생각해도 좋다.

잘난 척쟁이 테스트

- 먼저 나서서 아는 체한다면 일단 의심해본다.
- "나는 단지…" "그렇기는 하지만…" "생각해볼 점은…" 같은 말을 사용한다면 더욱 주의한다.
- 마지막으로 건설적인 토론을 위해 합리적인 논거를 제시한다.

당신이 아무런 도움을 요청하지 않았음에도 불구하고 상대방이 먼저 나서서 자신의 견해를 장황하게 늘어놓기 시작한다면 일단 잘난 척쟁이가 아닌지 의심해볼 필요가 있다. 하지만 그가 정말 건설적인 토론을 원하는 것일 수도 있으므로 아직 단정하기는 이르다. 진면목을 알아볼 수 있는 것은 당신이 그의 의견에 대해 합리적인 반론을 제시했을 때다. 만일 상대방이 당신의 논거를 수용하는 기색이 전혀 없고 오히려 지속적으로 어떤 구실이든 잡아 당신의 의견에 반대하려 한다면, 당신은 지금 잘난 척쟁이를 대하고 있다고 생각해도 좋다.

잘난 척쟁이들의 위험한 점은 처음엔 짐짓 정중하게 관심 있는 척하다가 결국 기분을 망치는 단계로 옮겨 간다는 것이다. 그래서 때때로 우리는 아차 하는 사이에 그들과 논쟁을 벌이는 자신을 발견할 때가 있다. 이렇게 잘난 척쟁이를 만났다면, 일단 조금도 망설이지 말고 단호해질 필요가 있다. 다시 말해 어떤 경우라도 그가 계속 지껄이도록 내버려둬서는 안 된다는 것이다. 그는 당신을 혼란에 빠뜨리기 전까지는 지껄여대기를 절대 스스로 그만두지 않을 것이다. 때가 되면 멈추겠거니, 하고 안일하게 생각해서는 안 된다. 그보다는 상대방이 아는 척하며 공격을 해 올 때 당신이 주도권을 잡고 단호하게 상대의 말을 자르는 편이 훨씬 낫다. 그것을 위해 유용한 격언 몇 마디를 외워두라. 잘난 척하는 사람과 논쟁을 벌일 때는 진지한 토론보다 격언 한마디가 더 큰 도움이 되기 때문이다.

잘난 척쟁이가 "전문가들의 설명에 의하면 이런 식으로는 절대 성과를 거둘 수 없답니다"라고 말을 꺼내면서 당신의 일을 방해하려 들면, 되도록 빨리 "로마는 하루아침에 이루어지지 않았습니다"라든가 "천릿길도 한 걸음부터죠"라는 말로 그가 더 이상 지껄여대지 못하게 입을 막아야 한다. 이 경우에 당신이 무슨 말을 하든 그 내용이 아주 중요한 것은 아니다. 단지 당신은 그의 말을 끊음으로써 그에게 넘지 말아야 할 경계선이 있다는 것을, 그리고 당신이 만만한 상대가 아니라는 것을 보여주는 것이다.

그러므로 미리 격언을 몇 가지 알아두는 것이 좋다. "가까운 이웃이 먼 친척보다 낫다"나 "표지로 책을 판단하지 말라"와 같이 고전적인 격언을 갖다 댈 수도 있고, 아니면 창의력을 발휘해서 자신의 의도에 맞는 격언을 만들어내어도 괜찮다. 이를테면 세바스티안의 동료 여직원 같은 경우 다음과 같은 말로 반박을 하면 좋을 듯하다. "성공을 거둔 프로젝트 뒤에는 늘 강한 여자가 있는 법이지요" 혹은 "한 번쯤 모래성을 쌓고 싶어 하는 사람들도 있어요"라는 식으로 자기 나름의 말을 생각해내어 상대방에게 일침을 가할 수도 있다.

격언이 유용한 이유는, 그것이 추상적이고 보편적이기 때문이다. 말하자면 당신은 당신의 개인적인 확신을 이야기하는 것이 아니므로 잘난 척쟁이는 공격 대상을 잡기가 난처해지게 된다. 그런 식으로 자신의 공격이 무의미해지면 그는 더 이상 자기가 옳다고 주장할 만한 근거를 찾지 못한다. 이와 같은 방법으로 당신은 이 기분 도둑과 거리를 둘 수 있다. 축하한다. 그의 덫에서 빠져나온 것이다.

그에게 대처하는 또 한 가지 요령은 그의 악의적인 말을 짧게 되풀이하는 것이다. 커뮤니케이션 전문가들은 이와 같은 방법을 일컬어 '투영법'이라 한다. 이것은 이 기분 도둑의 말에 직접적으로 반응하는 대신, 얼굴 앞에 거울을 갖다 대는 것처럼 그의 말을 그대로 돌려주는 방식이다. 그렇게 하면 당황스러움을 감추지 못하고 어쩔 줄 몰라 하는 그의 모습을 볼 수 있다.

앞의 사례를 예로 들자면 여직원은 세바스티안의 말에 다음과 같이 종지부를 찍을 수 있다. "그러니까 당신이 보기에는 모든 게 허사이므로 차라리 아무것도 하지 말고 그냥 포기해서 경쟁자에게 그 기회를 양보하는 게 낫다는 건가요?" 그럼으로써 그녀는 세바스티안에게 자기가 뱉은 말을 되돌아보도록 만들 수 있다. 그 결과 그가 무안한 나머지 침묵하게 된다면 성공이다. 혹시 그가 입을 다무는 대신 습관적으로 '당신의 의견에' 이의를 제기한다면 당신은 재미있는 구경을 하게 된다. 그가 스스로의 덫에 걸려드는 것이다. 그는 그것이 곧 자기 자신의 의견을 부정하는 꼴이라는 사실을 알고는 주먹이라도 입에 넣고 싶어질 것이다.

잘난 척쟁이를 다루는 또 다른 방법은 그의 능력을 인정하고 그에게 아예 활동 영역을 마련해주는 것이다. 그가 아무 데서나 무분별하게 자신의 파괴적인 게임을 벌이지 못하도록 저지하라. 차라리 그가 다른 사람들을 방해하지 않고 혼자서 실컷 잘난 척할 수 있는 과제를 맡김으로써 그의 재주를 긍정적으로 이용하는 방향을 생각하라.

후보가 될 수 있는 영역은 특정 주제에 대한 포괄적인 입장 표명, 계획된 행동 방식에 대한 비판적인 평가 그리고 현 상황에 대한 세부적인 분석 등이다. 직장에서 짐짓 근심 어린 표정을 지으며 그에게 도와달라고 요청해보라. 다음과 같이 그의 의견을 부탁하면 된다. "회사 내에서 진행되고 있는 상황을 보면 염려스러운 부분들이 있습니다. 그래서 기존의 진행 과정에 대해 비판적인 평가를 한 다음 당신이 분석한 것을 제게 보여주셨으면 합니다." 이런 식으로 그에게 책무를 지울 수 있다.

사적인 영역에서도 비슷한 전략을 쓸 수 있다. 그의 특출한 비판 능력을 칭찬한 다음, 지금까지 해오던 것보다 더 확실한 목표를 가지고 진상을 규명해달라고 부탁하는 것이다. 인터넷의 매혹적인 가능성에 그의 주의를 환기시켜라. 이를테면 그가 좋아하는 주제에 관한 인터넷 토론이나 채팅방을 그에게 권할 수도 있고, 무엇에 관해서든 또 누구에 관해서든 자신의 의견을 말할 수 있는 소셜 미디어와 그를 친숙하게 만들 수도 있다. 이와 같은 공간에서는 그의 멋진 생각을 좀 더 많은 사람에게 전달할 수 있다는 점을 강조하라.

당신이 지금까지보다 더 확실하게 이들과 거리를 유지하고 제때 그를 멈출 수 있다면 당신은 더 이상 그에게 행복을 빼앗기지 않을 것이다. 어쩌면 당신이 그에게 새로운 게임 영역을 보여줌으로써 조금 더 그를 행복하게 만들지도 모른다. 어쨌든 그가 행복의 꽃이 활짝 핀 당신의 잔디밭을 마구 짓밟는 일은 더 이상 없을 것이다.

잘난 척쟁이 대처법

- 유용한 격언으로 단호하게 그의 말을 가로막아라.
- 상대의 말을 되풀이하여 그에게 다시 들려줘라.
- 그가 활동할 놀이터를 마련해줘라.

7장

안달복달 바이러스를 달래라

"안달복달 바이러스는 우리를 정신없이 서두르게 만든다.
급성으로 감염될 우려가 있으니 조심하라!"

조급하거나 불안해지고 초조한 마음이 든다면 대개는 안달복
달 바이러스가 가까이에 있는 것이다. 불안감이 커지고 맹목적인
활동욕이 확산되면 이 기분 도둑은 만족스러워한다. 안달복달 바
이러스는 끊임없이 압박을 가하면서 우리의 생각을 방해하고 우
리 자신에게 꼭 필요한 것이 무엇인지 정확하게 생각하지 못하게
막는다. 우리가 방향을 잃고 헤매게 만드는 이 기분 도둑은 우리
가 만족감이나 일에 대한 즐거움 또는 행복감 같은 감정을 느낄
기미가 보이면 어느새 우리 앞을 가로막고 훼방을 놓는다.

빨리빨리, 그런데 어디로?

안달복달 바이러스는 아주 손쉽게 우리의 기분을 훔쳐 가는 재주가 있다. 이 기분 도둑은 여러 말하지 않고서도 충분히 자신의 음흉한 활동을 펼칠 수 있으며, 아주 짧은 불평이나 삐딱한 시선만 가지고 특유의 게임을 시작할 때도 있다. 지지부진한 상태로 머물러 있는 일이 너무 많으니 이제 좀 진척이 있어야 하지 않겠냐는 안달복달 바이러스의 짤막한 지적만으로도 우리는 하루 종일 압박감에 시달리게 된다.

안달복달 바이러스는 우리에게 이런저런 과제를 잔뜩 떠맡긴다. 이 과제를 바로 시작하는 것이 정말로 중요한지 아닌지는 별로 중요한 문제가 아니다. 이 기분 도둑의 목표는 우리를 한꺼번에 여러 군데의 전선으로 내몰아 완전히 녹초가 되게 만드는 것이다. 우리는 우왕좌왕하며 모든 과제를 동시에 해내려고 애쓰지만 아무 성과도 얻지 못한다. 이처럼 교활한 전략으로 안달복달 바이러스는 우리를 쥐락펴락한다.

안달복달 바이러스는 자신이 우리에게 안기는 여러 가지 과제 가운데서 아직 끝내지 못한 것들을 귀신같이 찾아낸다. 자신의 비열한 활동을 개시할 중요한 포인트를 만드는 셈이다. 이 기분 도둑은 우리가 이미 끝낸 일에 대해서는 절대로 가치를 인정하지 않고, 대신에 우리가 아직 끝내지 못한 일을 코앞에 들이대면서 빨리 그 일에 착수하라고 우리를 채근한다. 재충전을 위해 필요한 시간은 단 1분도 허용하지 않는다. 가장 중요한 과제는 이미 끝내놓았다는 우리의 반론은 통하지 않는다. 어떤 것이 중요하고 또 어떤 것이 그렇지 않은지는 언제든 바뀔 수 있는 사항이기 때문이다.

안달복달 바이러스는 우리가 그 일은 나중에 해도 된다고 이의를 제기할 때도 능수능란하게 대처한다. 이 기분 도둑은 조금 여유 있는 일의 경우에도 외부 상황으로 인해 어쩔 수 없다며 우리에게 빨리하라고 강요한다. 이 기분 도둑의 영향력 아래 오래 있다 보면 중요도를 판단하는 스스로의 기준에 혼란이 생겨 어느새 이 기분 도둑의 판단 기준으로 일의 중요도를 판단하는 위험한 지경에 이르게 된다.

일을 하면서 안달복달 바이러스에 감염된 사장이나 직장 동료, 고객, 또는 거래처 직원 때문에 스트레스를 받아보지 않은 사람이 누가 있겠는가? 이렇게 사방에서 압박을 가해 오면 정말 중요한 것이 무엇인지 판단하는 능력을 잃어버리고 만다. 그렇게 되면 일에 대한 우선순위가 순식간에 엉망이 되고, 적합하지 않은 판단 기준에 따라 잘못된 결정을 내릴 수 있다. 그럴 때 우리는 자신에게 화가 나서 스스로를 질책하고 자신의 능력을 의심한다. 그러면 안달복달 바이러스는 두 손을 비비며 좋아서 어쩔 줄을 모른다.

안달복달 바이러스는 우리의 일상에서 기분을 훔치기 위한 또 다른 활동 포인트를 발견한다. 직장에서 이 기분 도둑은 우리에게 기한이나 미팅 약속을 줄줄이 이어서 잡게 만들고는, 주말이나 휴가 때에 실컷 쉴 수 있을 거라는 약속으로 우리를 위로한다. 하지만 그 약속도 괜한 말장난으로 끝나버린다. 안달복달 바이러스는 회사에서만이 아니라 개인적인 영역에서도 기회를 엿보며 우리를 노리고 있기 때문이다.

안달복달 바이러스에 감염된 배우자 역시 모든 일을 그 자리에서 바로 그리고 동시에 끝내는 것이 우리의 행복과 불행을 좌우한다고 믿는 듯하다. 회사에서 일을 끝내고 돌아와 한숨 돌리기도 전에 집에서 처리해야 할 일들을 적은 목록이 우리 앞에 놓인다. "후버 씨 집에 전화했어요? 당신 전화를 기다리고 있다니까요! 휴가 가서 찍은 사진들이 아직도 박스 안에 들어 있어요? 당신이 정리한다고 말한 게 언젠데! 어느 스웨터가 아직까지 입을 만한 거예요? 제발 옷장 안에 있는 당신 물건 좀 살펴보란 말이에요! 세차는 했어요? 내일 당신 부모님 뵈러 가기로 했잖아요! 우리 부모님도 우리 얼굴 한번 보려고 눈이 빠지게 기다리고 있는데!"

배우자뿐 아니라 이웃이나 지인들도 안달복달 바이러스에 감염되면 마찬가지로 우리를 몰아세운다. 그럴 때는 담 너머로 삐딱하게 바라보는 시선에 비난이 담기기 마련이다. "잔디 깎을 때가 된 것 같네요! 그리고 나무를 베어줘야 한다는 것도 잊지 마세요! 지붕 위에 이끼가 잔뜩 끼어 있는데 당장 무슨 대책을 세우서야 하는 거 아닌가요? 마을 축제에 대한 계획을 세우려고 이번 주 목요일에 모두 모이기로 한 거 아시죠?"

일에서 벗어나 긴장을 풀려는 순간 갑자기 신경이 곤두서기 시작한다. 퇴근 후의 편안한 기분을 유지하려고 온갖 노력을 다 해보지만 잘 안 된다. 결국 처리해야 할 일들이 줄줄이 떠오른다. 좋은 기분을 나타내는 수위가 급속도로 떨어지면서 안달복달 바이러스의 의도대로 우리의 휴식 시간은 엉망이 되어버리고 만다.

안달복달 바이러스의 전략

- 아직 하지 못한 일들을 언급하며 조급하게 만든다.
- 동시에 여러 할 일들의 압박을 받도록 만든다.
- 무엇이 중요한 일이고 그렇지 않은지 생각하지 못하도록 한다.
- 더 효과적인 방법을 떠올릴 여유를 주지 않는다.
- 끊임없이 채근하면서 그것이 무엇을 위한 것인지 알려주지 않는다.

그렇다면 왜 우리는 안달복달 바이러스에 의해 그토록 쉽게 조급함의 소용돌이에 휘말리는 것일까? 자신을 불필요한 스트레스에 맡겨버리면 결국 자기 자신을 해칠 뿐이라는 사실을 잘 알면서도 말이다. 그러므로 안달복달 바이러스가 우리를 옭아맬 때 이용하는 어떤 메커니즘이 분명 있을 것이다. 지금부터 그 메커니즘에 대해 좀 더 자세히 알아보기로 하자.

점점 커져만 가는 조바심

직장이나 일상생활에서 끊임없이 일하려는 지나친 활동욕에 빠지는 것이 얼마나 어리석은 일인지 알고 나면, 안달복달 바이러스를 알아차리기가 좀 더 쉬울지 모른다.

안달복달 바이러스는 우리를 정신없이 서두르게 함으로써 우리의 주의를 온통 중요하지 않은 것들에 쏠리도록 만든다. 사실 살면서 가장 중요한 일은 자신이 진정으로 원하는 것이 무엇인지 살피고 자신의 목표를 정하는 것이다. 안달복달 바이러스는 우리가 바로 이런 일을 하지 못하도록 만든다.

그래서 안달복달 바이러스를 내심 반기는 사람들이 있다. 자기 자신과 근본적으로 씨름하는 것을 회피하고 싶은 사람들이다. 그런 사람들은 자기 내면의 소리와 대면하고 싶지 않아서 조급함을 필요로 한다. 다시 말해 그들은 자기 자신의 근원적인 갈망을 떠올리고 싶지 않아서 안달복달 바이러스가 선사하는 압박감으로 자신을 마취시키는 것이다.

안달복달 바이러스는 사람들을 외부 사정 때문에 불가피하다는 틀에 억지로 끼워 넣고 의무에 스스로를 종속시키도록 만드는가 하면, 더 높은 권위자를 끌어다 대기도 한다. 이때 이 기분 도둑은 외부 사정에 의한 불가피함이 실제로 존재하는지, 그리고 무조건 따라야만 할 더 높은 권위자는 누구인지 하는 문제에 대한 답변은 회피한다. 안달복달 바이러스는 이처럼 본질적인 문제를 회피하는 것을 가장 잘한다.

이 기분 도둑은 우리를 끊임없이 채근하면서도 목표로 이어지는 길은 가르쳐주지 않는다. 심지어 목표가 무엇인지조차 말해주지 않는다. 우리에게 계속 행동하도록 요구하기만 할 뿐, 그러는 자신의 의도가 무엇인지는 밝히지 않는다. 결국 우리는 안개 속에서 헤매다가 과중한 부담으로 인해 우리 스스로 길에 놓아둔 돌에 걸려 넘어지는 꼴이 된다. 그 안개 속에서 사물을 명확하게 바라보는 시각은 기대할 수 없다.

다른 길이나 의미 있는 지름길, 더 좋은 대안 같은 것은 더 이상 머릿속에 떠오르지 않는다. 마치 누군가에 의해 조종되는 꼭두각시가 된 느낌이다. 우리가 원래 의도했던 바가 무엇이었는지 또 부단한 노력으로 이루고자 했던 일이 무엇이었는지는 까맣게 잊어버린 지 오래다. 호흡을 가다듬을 기회조차 없이 우리는 안달복달 바이러스가 돌리는 쳇바퀴 안에 갇혀 방향감각을 잃고 만다.

안달복달 바이러스를 은근히 반기는 사람들이 있다는 이야기를 앞에서 한 바 있다. 주의할 것은 그들의 조급한 행동을 하다 보면 우리 역시 조급증 바이러스에 감염될 위험이 커진다는 사실이다. 그러므로 그들의 비생산적인 게임에 말려들지 않도록 정신을 차릴 필요가 있다.

물론 때로는 어떤 일을 수행하는 과정에서 정말로 서둘러야 하는 경우도 있을 수 있다. 예컨대 중요한 고객의 불만 사항에 빨리 대응해야 하거나 직장 동료에게 그의 업무에 꼭 필요한 정보가 담긴 이메일을 보내줘야 할 때처럼 말이다. 그리고 직장에서 자신의 입지가 약해지길 원치 않는다면 상사가 부탁한 일도 서둘러 처리를 해야 한다.

일상생활에서도 우리는 계속 미루기만 해서는 안 된다는 것을 잘 알고 있다. 집에 손님이 오기로 했으면, 비록 초대한 배우자에게 불만이 있다 하더라도 좋은 인상을 남기기 위해 얼른 집을 치우고 정리해야 할 것이다. 혹은 어딘가 파손된 경우, 그냥 두었다가는 더 큰 손해를 입을 수도 있으므로 당장 수리해야 한다.

이처럼 자신의 의지와는 상관없이 서두를 수밖에 없는 이유는 얼마든지 있을 수 있고, 또 직장 생활을 하다 보면 평소보다 더 급하게 일을 처리해야 하는 경우가 허다하다.

하지만 항상 그래야 하는 것은 아니라는 사실을 명심하라. 계속 서두르다 보면 어느새 조급함이 습관이 된다. 그래서 모든 일을 빠르게 처리해야 할 것 같은 강박감에 시달릴 수 있다. 안타깝게도 우리는 자신이 조급함으로 인한 스트레스에 깊이 빠져 허우

적거리고 있었음을, 안달복달 바이러스의 손아귀에서 놀아나고 있었음을 뒤늦게야 알아차린다.

우리가 안달복달 바이러스의 공격에 취약한 또 다른 이유는 우리가 속도를 미덕으로 생각하는 문화에서 살고 있다는 데 있다. 얼마나 많은 일을, 얼마나 열심히 해내느냐에 따라 자신의 가치가 평가된다고 굳게 믿는 사람들이 적지 않다. '일을 많이 할수록 더 촉망받는다'는 모토 아래 사람들은 단 1분의 여유도 없이 뭔가 계획을 세워 일해야 한다고 생각한다. 직장에서도 끊임없이 자신을 채찍질하여 과로로 거의 쓰러질 지경인 사람을 특히 능력 있다고 여기는 분위기다.

얼마나 일을 열심히 하는가에 따라 그 사람의 능력을 가늠할 수 있다는 쪽으로 생각이 이미 기울어 있다면 안달복달 바이러스의 제물이 되기 아주 좋다. 이 기분 도둑한테는 결과보다 항상 힘들게 노력하는 것이 더 중요하고, 성공보다 고통이 더 중요하다. 그러므로 우리가 충분히 거리를 유지하지 않으면 언제 이 안달복달 바이러스에 감염될지 모르는 일이다.

나 없으면 이 회사는 안 되지!

안달복달 바이러스가 원하는 대로 모든 삶의 영역이 정신없이 가속되는 것에서 벗어나기가 결코 쉽지 않다는 것은 다음 사례를 보면 더 분명해진다.

기분 도둑 이야기

에바는 안달복달 바이러스에 감염되고 나서부터 토네이도라는 별명을 얻었다. 난데없이 불쑥 나타나서는 일을 마구 뒤죽박죽으로 만들어 혼돈과 파괴의 흔적만 남겨놓고 가버리기 때문이다.

그녀는 회사에 항상 제일 먼저 출근해서 바로 일을 시작한다. 다른 직원들이 출근하기 전에 에바는 자신의 이메일을 모두 처리하고 싶어 한다. 그래야 일과가 시작되었을 때 비로소 집중해서 일할 수 있을 테니 말이다. 그녀는 제때 끝내고픈 마음에 서둘러서 자신의 이메일들을 복잡한 폴더에 분류 저장하고, 스팸 메일 같아 보이지 않는 메일이면 다 답장을 보낸다.

하지만 너무 급하게 서두르다 보니 다른 폴더로 이동된 메일이 많아서 나중에 찾아볼 수가 없다. 그러면 에바는 확신에 찬 어조로 동료 직원들을 보고 이렇게 주장한다. "나한테 온 메일이 하나도 없는데, 아마 누군가 나한테 전달하는 걸 잊어버렸나 봐. 우리 부서의 내부 규정을 반드시 바꿔야 해. 누구에게, 언제, 누구한테서, 어떤 과정으로 전달이 되어야 하는지 명확히 적어놓도록 말이야!"

에바는 늘 한걸음 앞서서 생각하기 때문에 받은 메일의 내용을 뒤죽박

죽으로 만들어놓는 경향이 있다. "어느 부서에서 받은 질의서지? 그 고객이 원하는 게 뭐였더라? 부장님이 또 뭐가 필요하다고 했었지?" 매사에 이런 식이니 에바가 보내는 답신 메일 역시 정신없어 보인다. 그녀의 업무 처리 방식에 대해 누군가 조심스럽게 평을 하면 그녀는 이런 식으로 반격한다. "회사에 제일 먼저 출근하고 제일 늦게 퇴근하는 사람이 누군데 그래? 나더러 더 이상 어떻게 하라는 거야? 다른 동료들한테나 좀 더 일을 많이 하라고 잔소리해보지 그래!"

에바는 마치 순간온수기와도 같아서, 물이 순환되듯 일의 흐름이 절대 끊어지지 않도록 애쓰면서 자신의 조급함으로 직장 동료들까지 뜨겁게 데우고 싶어 한다. 그래서 그녀가 출근한 다음 제일 처음으로 들어오는 직원을 향한 인사는 늘 이런 식이다. "페터라도 와줘서 천만다행이에요! 벌써부터 이것저것 할 일이 얼마나 많은지 몰라요. 페터가 맡은 일을 시작하기 전에 나랑 같이 매출액부터 살펴봐야 해요!"

황당한 듯 쳐다보는 페터의 시선을 자기 생각에 대한 동의로 해석한 그녀는 다른 직원들이 출근하자마자 모두에게 이렇게 말한다. "페터는 오늘 전화를 받을 시간이 없어요. 최근 매출액을 조사해야 하거든요. 그러니 전화벨이 울리면 빨리 전화 좀 받아줘요. 그리고 자기 일에 여유가 있는 사람은 우리를 좀 도와주면 좋겠어요." 지금까지 아무도 몰랐던 새로운 업무이니 효과적인 행동 방식에 대해 의논을 해보는 게 좋지 않겠냐고 동료들이 이의를 제기하면 에바는 이렇게 대꾸한다. "지금 우린 상세한 계획

을 세울 시간이 없어요. 우리 모두 할 일이 태산이잖아요. 내가 페터를 도
와주면 아마 오늘 퇴근 시간 전까지는 끝낼 수 있을 거예요. 안 그러면 야
근을 해야 할지도 몰라요."

그런데 점심시간 직전에 걸려 온 부장의 전화 한 통으로 부서 전체가
발칵 뒤집어졌다. 에바가 정신없이 몰아대는 탓에 진짜 중요한 문의를 아
직 처리하지 못했던 것이다. 영업부는 약속한 대로 고객에게 계약 조건을
제시할 수 없어서 안절부절못하고 있다. 그뿐 아니라 에바가 아침 일찍 이
메일을 대충 처리한 덕분에 그녀의 이메일 계정에는 항의가 빗발치는 상
태다. 남의 일을 도울 겨를이 없는 에바는 동료 직원들에게 이렇게 말한
다. "난 지금 중요한 일을 처리하느라 정신이 없어요. 영업부의 문의를 어
떻게 해야 하는지는 여러분이 잘 알 거예요."

오늘은 에바뿐 아니라 동료 직원들까지 점심을 먹을 시간이 없다. 혈
당이 떨어지고 꼬르륵 소리가 뱃속에서 요란하게 들려 온다. 그런 상태
로 계속 일을 하자니 부주의로 인한 실수가 계속 나온다. 기분이 완전히
다운되어 일에 진전이 없다. 자신의 능력이 인정받고 있다고 느끼는 사
람은 에바 혼자뿐이다. 안달복달 바이러스가 시키는 대로 그녀는 다음과
같은 결론을 내린다. "지금까지 우리가 너무 일을 쉽게 처리했던 것 같아
요. 회사 내부에서 문의를 처리하는 방식에 대해 검토를 해볼 필요가 있
겠어요. 동료 직원들에게 간곡히 부탁하고 싶은 게 있는데, 나처럼 정식
업무가 시작되기 한 시간 전에 회사에 나와주었으면 하는 거예요. 그러

면 좀 상황이 나아지겠죠."

혹시 당신이나 당신 주위의 이야기는 아닌가?

안달복달 바이러스에게 효과적으로 대처하는 법

당신이 안달복달 바이러스에 감염된 사람을 변화시킬 수는 없다. 그에게 중요한 것은 자기가 하는 일의 의미나 목적이 아니라 일에 대한 지나친 열성으로 내면의 공허함을 덮어서 감추는 것이다. 그러니까 과중한 업무의 부정적 결과나 스트레스 때문에 실수가 잦아진다는 것, 또는 지속적인 압박감으로 인해 탈진 상태에 빠질 수도 있다는 것에 대해 그와 논할 필요가 없다. 어차피 그런 소리는 소귀에 경 읽기나 다름없을 테니까.

어렵겠지만 최소한 마음속으로나마 안달복달 바이러스에게 감염된 사람과 거리를 두어야 한다. 중요한 과제를 끝내고 싶은 당신의 욕구를 그가 부추기는 활동욕과 혼동하지 말라. 그에게 중요한 것은 실제로 일이 되어가는 것이 아니라 단지 일을 재촉하는 것뿐이다. 그리고 그의 관심사는 자기 자신으로부터 달아나는 것이다. 그는 당신도 같이 데리고 달아나려 한다.

그의 간악한 계략이 성공하지 못하게 하려면 당신이 항상 한 걸음 앞서야 한다. 직장에서라면 당신 자신도 할 일이 너무 많아 큰 압박감에 시달리고 있다는 시늉을 하는 방법이 있다. 이때 안달복달 바이러스에게 감염된 사람들의 전형적인 신체 언어를 따라 하면 더 도움이 될 것이다. 정신없이 분주한 모습을 보여주어라. 그가 다가오기 전에 미리 몇 초간 빠르게 호흡을 하면 당신의 목소리가 숨이 가쁜 듯 들릴 것이다.

그와 더불어 조리 있게 말하는 것은 피하는 편이 좋다. 그렇게 말하는 것을 들으면 당신의 몸과 마음이 아직 편한가 보다고 생각할 수도 있기 때문이다. 그러면 그는 가급적 빨리 당신의 편안한 상태를 깨뜨리고 싶은 유혹을 느낄 것이다.

그러므로 차라리 좀 더듬거리면서 말을 하라. 아니면 아예 다음과 같은 식으로 혼란스럽게 들리도록 말할 수도 있다. "음… 잘 모르겠어요… 글쎄요… 나는 항상… 하지만 사장님은… 이젠 내 머리가 어디에 붙어 있는지조차 모르겠어요." 그러면 그는 누구한테나 활동욕이 생기게 하려는 자신의 계획이 이미 당신에게는 달성되었다고 추측한다. 이때 시선을 한 군데 고정하지 못하고 불안스레 이리저리 돌려대도 좋다. 초조하게 눈을 깜빡거리는 것도 이미 과도한 부담을 받고 있다는 신호이기 때문에 확실한 효과가 있다.

안달복달 바이러스에 감염된 사장이 당신 앞에 나타나면 추가 조치를 취해야 한다. 사장이 가까이 올 때마다 당신이 일에 치여 숨이 턱까지 차오른 듯한 인상을 확실하게 심어주어라. 또 휴식 시간을 한 번쯤 포기하되, 반드시 사장이 그 사실을 알게 만들어야 한다. 휴식은 나중에 당신을 보는 사람이 아무도 없을 때 얼마든지 취할 수 있다. 안달복달 바이러스에 감염된 상사는 자기가 당신을 더 이상 버티기 힘든 한계까지가 아니라 그 이상으로 몰고 갔다는 느낌을 갖기 원한다.

급하게 서두르는 동료 직원들에게는 좀 더 확실하게 말하는 방법도 있다. 그들이 조바심 공격을 해 오면 다음과 같은 식으로 방어하라. "난 자네보다 더 바짝 정신을 차리고 더 열심히 일하고 있어. 그러니까 내가 정시에 퇴근을 해도 내게 뭐라고 못할 걸."

안달복달하는 지인에게는 안달복달 바이러스가 사용하기 좋아하는 '불가피한 사정'이라는 무기를 역으로 돌려주는 방법도 있다. 누군가 당신에게 여가 활동을 같이 하자고 강요하면 해야 할 일이 산더미라서 아쉽겠지만 안 되겠다고 말하는 것이다. 예컨대 다음과 같은 식으로 당신이 꼭 처리해야 할 다른 일이 있음을 분명하게 강조하라. "나도 같이 가고 싶지만 니콜의 컴퓨터에 최신 바이러스 백신 프로그램을 설치해준다고 약속을 해서 곤란해. 지금 당장 가봐야 해." 아니면 정원 일이나 집안일 등 할 일이 너무 많다고 둘러댈 수도 있다.

배우자가 안달복달 바이러스에 감염되어 있다면 당신은 배우자에게 부서지는 파도 앞에서도 꿈쩍 않는 바위처럼 든든한 안식처가 되어주면서, 배우자가 그것에서 위로를 얻기를 바라는 수밖에 없다. 어쩌면 배우자가 당신의 안정된 태도에 영향을 받아 안달복달 바이러스에게서 빠져나올지도 모를 일이다.

만일 당신의 배우자가 어떤 일에 의미가 있는지 없는지를 따지는 것보다 그냥 팔에 안겨 위로의 말을 듣는 것이 더 중요하다면 다행이다. 그럴 때 당신은 배우자에게 "여보, 우리가 함께 있는데 뭐가 문제겠어!"라든가 "우린 해낼 수 있어. 다른 어려움도 함께 이겨냈잖아!" "당신은 필요 이상으로 일을 힘들게 할 때가 많아. 근데 그런 모습이 어딘가 귀엽긴 해"라는 식으로 말을 해주면 큰 위안이 될 것이다.

안달복달 바이러스 대처법

- 누군가 당신을 재촉하려 한다면 이미 바쁜 척하라.
- 다른 중대한 사정이 있어 유감스럽게도 그 일은 할 수 없겠다고 말하라.
- 무엇보다 여유를 갖고 삶을 돌아보라.

8장

뜬구름 잡기 달인을
가지고 놀아라

"말만 그럴싸한 떠버리는 현실감이 전혀 없다.
구체적인 것을 피하는 이 기분 도둑을 보면 그것을 알 수 있다."

뜬구름 잡기 달인 유형은 사람들에게 현실보다는 환상의 세계에, 구체적인 일상보다 거창하고 총체적인 것에 더 관심을 둔다. 이 기분 도둑에게 사로잡히면 여러 가지 복잡함으로 가득한 현실 세계를 직시하는 것이나 그에 대해 사람들과 진지한 이야기를 나누는 것이 마냥 귀찮아진다. 그래서 이런 사람과 같이 있다 보면 어딘가 이상하다는 느낌이 들다가 묘하게 기분이 나빠질 때가 많다.

뜬구름 잡기 달인은 잘난 척쟁이처럼 사람들로 하여금 처음에는 이해심 많은 경청자와 예리한 지식인의 가면을 쓰도록 한다.

하지만 그들과 이야기를 나누다 보면 그들은 우리와 대화를 나누는 것에 관심이 있기보다는, 앞뒤 가리지 않고 자신의 비현실적인 이야기를 늘어놓기에 급급할 뿐이라는 것을 알게 된다. 그리고 그의 동화 같은 세계에는 우리의 구체적인 현실이 비집고 들어갈 자리가 조금도 없다는 사실도 알게 된다.

설교는 그럴듯하게

뜬구름 잡기 달인은 구체적인 현실이라면 뭐든지 교묘하게 피해 가고 싶어 한다. 자신이 말했던 것을 막상 행동에 옮겨야 할 때가 되면 언제 그랬냐는 듯 말로 얼버무리는 것이 주특기다. 이들은 얼핏 보편타당한 말을 늘어놓는 것처럼 보이기 때문에 자칫 우리는 그의 그럴듯한 말에 고개를 끄덕이며 맞장구를 치기 쉽다.

예를 들어 직장에서 우리가 업무에 도움이 되는 보조 장치가 있었으면 좋겠다는 뜻을 밝히면 이들은 이렇게 대꾸한다. "그렇게 눈을 크게 뜨고 늘 개선 가능성에 대해 고민하고 있다니 참 훌륭해. 대변혁이 거듭되고 있는 요즘 시대에는 우리 모두가 능률의 극대화를 추구하고 창조적인 해법을 찾아야 해. 너는 의욕이 넘치니 분명 목표한 것을 이룰 수 있을 거야. 이 시점에서 무엇보다 중요한 것은 자기 자신의 위치를 지키고 책임감을 잃지 않는 거야."

지금 사용하는 소프트웨어의 입력 방식을 최적화시키는 방법을 강구해야 한다는 당신의 의견에 그는 역시 상냥하면서도 회피하는 태도로 이렇게 대답할 것이다. "일반적으로 IT 부서는 회사의 PC 사용자에게 봉사한다는 생각으로 항상 최선을 다하기 마련이지. 물론 자네가 언급한 문제도 중요한 문제이긴 해. 능률을 향상시키기 위해서는 우리 모두 불필요한 업무를 줄이기 위해 노력해야 하니까 말이야. 넌 열악한 조건에서도 좋은 평가를 받을 거야."

당신도 이미 눈치챘을 것이다. 이들은 당신과 대화하기를 즐기는 것 같지만 사실은 그냥 자기 말을 하는 것뿐이다. 앞의 예에서 보듯이 당신은 절대 이 유형의 사람에게 구체적인 행동을 하도록 만들 수 없다. 이들은 자신의 견해를 상세하게 피력하는 건 좋아하지만 자신의 생각을 현실적인 상황에 적용하는 것은 의식적으로 꺼리기 때문이다. 간단히 말해 뜬구름 잡기 달인은 말만 늘어놓기 좋아하고 행동하기는 싫어한다. 혹시 당신이 그에게 의지하면 할수록 당신은 결국 더 큰 낭패를 보게 될 것이다.

여가 활동이나 일상생활에서도 이런 사람들은 얼마든지 찾아볼 수 있다. 자녀가 있는 이 유형을 가까이 접해본 사람이라면, 이런 사람들의 양육 능력에 대한 믿음을 완전히 잃고 말 것이다. 두 가정이 함께 저녁 식사를 하기로 한 자리에서, 이들은 먼저 희색이 만면해서 거창한 이야기를 늘어놓는다. "우린 오래전부터 자녀의 교육 모델을 가지고 씨름해왔어요. 하지만 가장 중요한 건 우리 아이들의 자유로운 자아 계발이에요. 물론 어려서부터 올바른 역할 행동을 익히려면 좋은 본보기를 보고 배우는 것도 아주 중요하지요. 그러지 않으면 다른 사람들과 그들의 소유물을 존중하는 마음이 길러지지 않으니까요." 어른들이 다른 데 정신을 파는 동안 아이들은 벽에다 낙서를 하고, 먹다 남은 초콜릿을 소파 틈새에 감추는가 하면, 오디오 세트의 스피커 진동판을 작은 손가락으로 찔러보며 재미있어 한다.

뜬구름 잡는 것 같은 그의 이야기와 아이들의 행동에는 차이가 있는 것이 아니냐고 당신이 유머러스하게 얘기한다 해도 그는 조금도 당황하지 않을 것이다. 곁눈으로 슬쩍 아이들을 쳐다볼 뿐 계속 멋대로 행동하도록 내버려둔 채 아이들에게 있어 사회적 경험이 얼마나 중요한지에 대해 설교를 하기 시작한다. "아이들이 이렇게 금방 이 집에 잘 적응하는 모습을 보니 좋지 않아요? 낯설어하는 기색이 전혀 없고 처음부터 신뢰감을 갖는 것 같군요. 아이들이 다른 사람들과 많이 접촉하는 건 참 중요하지요. 그래야 이 현대사회에서는 얼마든지 다양한 인생을 설계할 수 있다는 사실을 최대한 빨리 인식하게 되니까요."

상황이 이쯤 되면 당신은 자포자기하는 심정이 될 수밖에 없을 것이다. 당신이 단호한 조치를 취한다면 그것은 곧 아이들에게 중요한 체험 공간을 내어주지 않는 셈이니까. 당신은 당신의 억압적인 대응으로 인해 아이들이 권위에 꼼짝하지 못하는 순응자가 될지도 모른다는 원망을 듣고 싶지는 않으리라.

이 예에서도 볼 수 있는 것처럼 뜬구름 잡기 달인은 일반적으로 그의 실제 행동이 자신의 이론적인 설명에 부합하지 않는다. 상상의 세계와 현실에서의 행동 사이에 있는 연결고리는 끊어진 지 오래다. 아니, 어쩌면 처음부터 그런 고리 따위는 없었는지도 모른다. 그는 자신의 행동과 말이 일치하지 않는다는 사실에 조금도 신경 쓰지 않는다.

가정에서 이들은 부부가 서로를 도와줘야 한다는 의무를 온갖 말로 찬양하기를 즐긴다. 하지만 막상 아내가 집안일을 더 많이 도와달라고 요구하면 펄쩍 뛰며 이렇게 반응한다. "깨끗하게 닦인 접시를 보고 우리의 사랑을 확인할 수 있는 건 아니잖아. 쓸고 닦는 것보다 훨씬 더 중요한 건 우리가 항상 서로를 위해주고 옆에 있어주는 거야."

직장에서도 이들에게 중요한 것은 다른 사람들에게 '올바른' 생각을 심어주는 것이다. 혹 당신의 생각이 더 탁월하더라도 일의 성과를 통해 당신의 생각이 옳았음을 그에게 확신시켜줄 수 있으리라 기대하지 말라. 그것을 그가 인지할 리는 만무하다. 그 대신 그는 당신에게 줄기차게 설교를 늘어놓을 것이다. "긍정적인 동기부여가 중요하지. 우리가 맡은 임무를 다하는 것만으로는 충분하지가 않아. 우리는 독수리가 어떻게 하늘을 나는지 배워야 해."

여기까지의 이야기를 통해 직장에서나 부부 관계에서, 혹은 주변의 지인이나 친구들 중에서 이들이 어떻게 당신의 기분을 망치는지 대략 알게 되었을 것이다. 조심하지 않으면 그가 잡은 뜬구름 속으로 우리도 끌려들어 가게 된다.

이상만 꿈꾸다가 잊어버린 현실

그렇다면 뜬구름 잡기 달인은 무엇을 이용하여 우리를 끌어들이는 것일까? 우리는 왜 뜬구름 잡기 달인들이 빈말만 떠벌리고 있다는 사실을 금방 깨닫지 못하는 걸까? 그것은 누구나 다 마음속 깊이 동화나 이야기 같은 것에 대한 동경이 뿌리박고 있기 때문이다.

예로부터 인간은 단순히 일상에 충실한 것만으로는 만족할 수 없었다. 그래서 사람들은 신화를 공동체 안에 정착시키고 전설을 만들어내는가 하면 모닥불 주위에 둘러앉아 이런저런 이야기를 나누곤 했다.

요즘 시대에도 모험 가득한 픽션이나 화려한 이야기, 환상적인 동화가 아이들뿐 아니라 어른들에게도 얼마나 강한 반응을 불러일으키는지 볼 수 있다. 우리 마음속에 있는 감성적인 면이 반응하는 것이다. 우리는 때로 근심이나 고난을 잊기 위해 가끔씩 현실에서 한 걸음 벗어나 백일몽에 빠져들기도 한다. 인간에게 이러한 성향이 있는 한, 우리는 화려한 환상의 세계를 보여주는 사람한테 마음을 열 수밖에 없다.

옛날에는 원시인 무리가 모닥불 가에 둘러앉아 이런 이야기를 나누곤 했다. 적대적인 환경에서 매일같이 생존 투쟁을 벌이고 나면 이런 재밌는 이야기로 고단한 삶을 잠시 잊곤 했던 것이다. 긴박한 현실과는 다른 상상 속의 이야기는 힘들었던 일과에 활력을 불어넣었다. 활활 타오르는 불가에 앉아 사람들은 숲의 정령이나 동물 신, 조상신 등에 대한 환상적인 이야기를 주고받았다. 그리고 따뜻한 불가에서 긴장을 풀고 힘든 현실을 잊어버렸다. 그런 식으로 사람들은 다시 활력을 얻어 다음 날 또 새로운 도전에 응할 수 있었다.

하지만 요즘 시대는 상황이 다르다. 뜬구름 잡기 달인이 사람들에게 이런저런 이야기를 하는 것은 여전한데, 그 이야기는 더이상 우리의 가슴을 따뜻하게 해주지 않는다. 불은 다 타버린 지오래되었고, 오늘날의 뜬구름 잡기 달인은 차갑게 식어버린 잿더미 앞에 앉아 그 재를 우리 눈에 뿌려대고 있을 뿐이다. 그는 사람들이 더 이상 자신의 생각과 현실 세계를 구분하지 못하게 만든다. 만일 우리가 뜬구름 잡기 달인에게 일상의 과제를 해결하는데 필요한 도움을 기대하면 낭패를 볼 것이다. 그는 이런저런 이야기만 장황하게 늘어놓다가, 문제가 생기면 우리만 홀로 남겨두고 불확실한 곳으로 달아나버린다.

뜬구름 잡기 달인은 일반화하고 보편화하기를 좋아한다. 그런 식으로 그는 알맹이 없이 껍데기뿐인 말을 던져놓는다. 일단 그의 추상적인 이야기를 들으면 끌리는 느낌이 들기 때문에 그는 어김없이 우리를 낚는 데 성공한다. 그의 보편적인 논리는 우리가 수긍할 수밖에 없는 것이라서 어쩔 도리가 없다. 예컨대 뜬구름 잡기 달인이 "부부 관계에는 신뢰가 중요해!"라고 말한다면 우리가 어떻게 반대할 수 있겠는가? 그 말은 틀린 말이 아니다.

문제는 우리가 실제로 배우자와 함께 사는 데 있어 그것이 진정으로 어떤 의미를 지니는지 그와 진지하게 이야기를 하려 할 때 생긴다. 부부 관계에 신뢰가 있어야 한다는 좋은 말은 그의 현실 속에서는 실제로 다음과 같은 뜻일 수도 있기 때문이다. "당신은 내가 무슨 짓을 하든 무조건 나를 믿어야 해!"라거나 "나는 그래도 되지만, 당신은 내게 어떤 비밀도 감춰선 안 돼!" 혹은 "난 당신에게 무슨 이야기든 다 털어놔. 당신이 그 이야기를 듣고 싶어 할지 어떨지는 내 알 바 아니지!"일 수도 있다.

이 유형은 우리와 대화를 나눌 때 확실한 언질을 주는 법이 절대 없다. 그는 항상 피상적으로만 언급하는 것에 그치기 때문에 우리는 그에게 자신이 말한 바를 지키라고 요구할 때마다 당황하게 된다. 그는 자신이 말한 바를 굉장히 모호하게, 자신에게 유리한 대로 해석하고 있는 것이다. 그 점에 대해 우리가 불평이라도 하면 그는 "넌 나를 신뢰하지 않는다니까!"라며 우리를 비난한다.

이제 눈치챘겠지만, 이 기분 도둑은 막연하고 애매모호한 말을 즐겨 사용한다. 뜬구름 잡기 달인은 상대방이 그의 말에 무조건 따라야 하고, 그의 견해에 의심을 제기해서는 안 되며 그의 세계관을 그대로 이어받아야 한다고 생각한다. 그리고 혹시나 상대방이 그 생각에 어긋나는 일을 할 때는 혹독히 비판한다.

뜬구름 잡기 달인이 그의 막연함이라는 그물 안에 우리를 가두려 한다는 사실을 꿰뚫어보지 못하면 우리는 그에게 속수무책으로 당하고 만다. 그는 안간힘을 써서 우리가 행복을 체험하지 못하게 방해한다. 그 대신 행복에 대한 자신의 이야기를 들으라고 강요한다. 부부 관계에서든 직장에서든, 또 친구 관계에서든 상관없이 뜬구름 잡기 달인은 언제나 사람들이 자신만의 독단적인 세계관을 유일한 행복의 길로 생각하게끔 만들고, 그것을 남에게 강요함으로써 혼란을 조장하기를 바라고 있다.

조심하지 않으면 뜬구름 잡기 달인들은 우리를 그물에 가두고는 우리의 삶을 어떻게 살아야 할지 대신 결정하려 할 것이다. 은근한 영향력을 행사함으로써 그는 현실 세계로부터 우리를 떼어놓으려 한다. 그 영향력 아래에 오래 있다 보면 우리는 자신에게 무엇이 좋고 나쁜지 더 이상 스스로 느끼지 못하고 그의 이데올로기에 무조건 끌려가게 된다.

사람들은 뭘 잘 몰라!

다음 사례는 뜬구름 잡기 달인이 어떤 불행을 불러올 수 있는지 잘 보여준다. 우리를 구체적인 바람이나 현실로부터 멀어지도록 만들기 위해 기분 도둑이 어떤 식으로 이론과 이데올로기를 이용하는지 눈여겨보라.

기분 도둑 이야기

뜬구름 잡기 달인 위르겐은 자신의 견해를 상세하게 밝히고 항상 누구한테나 자기 생각을 알리는 습관이 몸에 배어 있다.

오늘도 위르겐은 사무실에서 동기부여에 대한 최신 이론을 직장 동료들에게 설명해주는 것으로 오후 시간을 보냈다. 그가 보기에 그것은 올바른 정신적 태도를 갖는 것이 얼마나 중요한지 모두에게 분명히 가르쳐준 보람 있는 시간이었다.

"여러분, 한 가지는 분명합니다. 우리 회사의 실수율이 말해주고 있듯이 몇몇 사람에게 올바른 정신적 태도가 결여되어 있다는 거지요. 충분히 긍정적으로 우리의 과제에 착수하기만 한다면 실수가 나올 리 만무합니다. 하지만 우리 회사에 대해 부정적인 생각과 입장을 견지하는 사람은 그의 무의식이 일을 잘 해내지 못하게 막기 때문에 당연히 실수를 할 수밖에 없습니다. 여러분들 가운데 일부는 정말로 더 이상 회사 편이 아닌 것처럼 보입니다."

인력이 너무 부족하다든가 인트라넷 시스템에 문제가 있다, 부서 간에 정보 전달이 제대로 이루어지지 않는다, 지시받은 업무를 처리하기 위한 명확한 규정이 제대로 정의되어 있지 않다는 식으로 동료 직원들이 일리 있는 이의를 제기하면, 위르겐은 이해할 수 없다는 듯 이렇게 대꾸한다. "그것 봐요. 항상 부정적인 것만 보는 사람은 일에 대해서도 긍정적인 입장을 견지할 수 없는 법이지요. 여러분은 스스로에게 동기를 부여하는 법부터 배워야겠군요!"

또 동료 직원들이 자신들의 고충에 대해 회사 경영진에게 메모를 해서 보내고 싶다는 바람을 말하면 위르겐은 펄쩍 뛰며 말린다. "자책골은 넣지 말아야죠. 여러분의 미심쩍은 견해로 어설프게 경영진의 불합리성을 지지한다면, 경영진은 곧 진짜 문제가 어디에 있는지 알게 될 겁니다!" 이렇게 설교를 한 후에 위르겐은 망연자실한 동료 직원을 내버려둔 채 퇴근을 한다.

집에 도착하니 학교에서 지렛대의 원리를 배우고 있는 딸아이의 숙제를 좀 봐달라고 아내가 부탁한다. 물론 위르겐은 과학의 세계에서 근본적인 것을 설명할 수 있는 이 절호의 기회를 놓칠 리가 없다. 소파에 편하게 자리를 잡고 앉아 그는 아내와 딸아이에게 설명을 하기 시작한다.

"물리학에서는 말이야. 눈에 보이는 그대로가 진리인 것은 아주 극소

수에 불과하다는 것을 늘 염두에 두어야 해. 법칙이라는 것에서도 늘 변화가 있기 마련이지. 최근에 양자물리학이 움직일 수 없는 진리 같아 보이던 사실들을 반증한 것처럼 말이야. 그래서 우리는 교사들이 너희 학생들을 데리고 멍청한 계산만 하고 있지 않기를 바란단다. 최근의 학력 평가도 이유를 따져 묻고 혼자 힘으로 문맥에 맞게 정리하는 것이 얼마나 중요한지 분명히 보여주었잖아. 이런 얘기를 선생님께 해보는 것도 좋을 거야!"

그래도 오늘 숙제를 끝낼 수 있게 딸아이랑 같이 앉아 계산을 맞게 했는지 봐주면 좋겠다는 아내의 부탁에 위르겐은 이렇게 대답한다. "나중에 어차피 우리 딸도 그런 문제를 대신 계산해주는 컴퓨터 프로그램을 갖게 될 텐데 뭐. 우리 회사에서도 그런 건 손으로 하지 않으니까. 그런데 참 한심하게도 학교는 젊은 사람들이 나중에 직장 생활에 대비할 수 있게끔 실용적인 것을 가르칠 생각은 안 하고 쓸데없는 것에만 치중한단 말이야."

아빠의 이 같은 대답을 끝까지 듣지도 않고 딸은 체념한 듯 자기 방으로 들어가버린다. 딸아이는 처음부터 엄마에게 말했었다. 아빠한테 숙제를 도와달라고 부탁해봤자 소용이 없을 거라고. 자기 방으로 가버리는 바람에 딸아이가 그다음에 이어진 부부 싸움을 지켜보지 않아도 된 게 다행이었다.

남편의 태도가 아빠로서 너무 무책임하다고 생각하는 아내는 이렇게 말하며 불만을 털어놓는다. "당신은 딸아이를 돕고 싶은 생각이 없는 거예요? 우리 아이가 당신의 그 알량한 철학을 선생님한테 들이대면 보기 좋게 낙제를 당하고 말 거예요." 그러자 위르겐은 이렇게 대꾸하며 상황을 회피하려 든다. "당신이 왜 이러는지 이해를 못하겠군. 아이들도 어떤 관점에 대해 따져 묻는 것을 배워야 해. 당신은 그럼 우리 딸이 계속 다른 사람의 말에 맞장구만 치고 앉아 있으면 좋겠어? 난 우리 아이한테 비판적인 사고를 길러주는 게 굉장히 중요하다고 생각해. 그래야 앞으로 세상을 살아나가기가 훨씬 수월하단 말이야."

혹시 당신이나 당신 주위의 이야기는 아닌가?

뜬구름 잡기 달인에게 효과적으로 대처하는 법

뜬구름 잡기 달인은 말만 그럴싸하게 한다. 그와 같이 있어도 좋은 기분을 유지하고 싶다면, 그와 함께 뭔가 현실적인 것을 이루어낼 수 있으리라는 생각은 아예 하지도 말라. 당신이 그를 행동하게 만든다는 것은 어림없는 일임을 늘 명심해야 한다. 그는 자신의 현실성 없는 생각의 틀에 계속 갇혀 있을 것이다. 앞에서 설명했듯이 뜬구름 잡기 달인은 자신의 망상이 현실과 괴리된다는 것에 의식적으로 별 의미를 두지 않는다.

이들을 설득하려고 애쓰지 말라. 하루 종일 지껄여대는 사람은 으레 이전에 했던 말과 지금 하는 말이 다르게 마련이지만, 이런 빈틈을 발견하더라도 당신은 그의 잘못을 지적하는 실수를 범해서는 안 된다. 당신이 그를 설득하려고 아무리 애를 써 봐야 절망에 빠지기만 할 뿐이다. 그는 자기 확신에 빠져 있다. 그 확신을 버리는 일은 없을 것이다.

가장 좋은 방법은 뜬구름 잡기 달인이 원래 속한 곳, 즉 환상세계에 그를 그냥 놔두는 것이다. 당신이 그를 더 자극하지 않는한 그가 당신의 현실에 영향력을 미치는 일은 적을 것이다. 혹시그렇게 되면 미력하나마 그가 주던 도움을 받을 수가 없어 더 어려워지는 것이 아닌가 생각할지 모르겠으나, 그게 오히려 마음편하다는 사실을 알아야 한다. 간섭이 적어지면 영향력 행사도그만큼 약해질 테니 말이다. 당신은 눈곱만 한 그의 조력을 잃는대신 당신이 원하는 대로 행동할 자유를 얻을 수 있다.

직장 동료가 뜬구름 잡기 달인이라면 그의 애매모호한 말을이용하는 것이 좋다. 회의에서 그가 했던 과장된 설명이나 거창한 업무 지시, 여러 뜻으로 해석될 수 있는 그의 이메일 같은 것을지적함으로써 당신의 행동에 대한 근거를 대라.

만일 그 친구가 당신더러 아직 끝내지 못하고 쌓아둔 일이 너무 많지 않느냐고 지적을 하면 이런 식으로 대답하라. "최근에 자네가 내적인 관점의 중요성을 가지고 이야기한 것에 대해 곰곰이 생각을 해봤네. 하지만 지금 내게 중요한 것은 긍정적인 생각과 나의 현실이 우선적으로 조화를 이루게 하는 것이었지."

또 만일 직장 상사가 뜬구름 잡기 달인이라면, 당신의 실수에 대해 이렇게 말하면서 슬쩍 피해 가라. "저는 주인 정신을 가지라고 하신 부장님의 가르침을 아직 생생하게 기억하고 있습니다. 그때 부장님께서는 아무것도 안 하는 것보다 실수를 하는 게 차라리 낫다고 말씀하셨지요."

그의 언행을 너무 드러내놓고 비꼬면 그를 화나게 할 수 있다는 사실에 주의하라! 되도록 진지한 목소리로 말하도록 노력하고, 아무것도 모르는 척 행동하라. 마치 그의 다음 가르침을 듣기까지 참고 기다릴 수가 없는 것처럼 눈을 동그랗게 뜨고 기대감에 찬 표정으로 그를 처다보라. 그가 시야에서 사라지고 나면 다시 당신이 하고 싶은 대로 해도 늦지 않다.

일상생활에서 이런 유형의 사람을 다룰 때는 '그가 지껄여대는 동안 당신은 당신 나름의 행동을 하라!'는 원칙이 유용하다. 가장 간단한 방법은 그의 이야기를 배경음쯤으로 여기는 것이다. 결코 듣기 좋은 멜로디는 아니겠지만 마음먹기 따라서 아주 참을 수 없는 것만은 아닐 것이다. 그렇게 당신이 실제적인 행동을 하는 동안, 어쩌면 그는 당신이 자기를 대신하여 삶의 현실적인 부분을 해결해주는 것에 고마워할지도 모른다. 그는 당신 덕분에 계속 스스로의 생각에 붙잡힌 채 자신의 세계관을 손질할 여유를 얻을 수 있기 때문이다.

그러므로 당신의 자녀가 학교에서 좋은 성적을 받기 원한다면, 배우자와 교육 제도에 대해 끝도 없는 논쟁을 벌일 것이 아니라 차라리 과외 수업을 받도록 하는 게 낫다. "우리 딸에게 공부를 가르쳐줄 과외 교사를 구했어요. 당신 말대로 더 이상 학교만 믿고 앉아 있을 수는 없으니까요. 내일 수업료 좀 송금해줄 수 있어요?"

당신이 그와 세계관을 놓고 논쟁을 벌이면 실제로 아무 행동도 할 수 없다는 것을 명심하라. 당신은 거드름을 피우며 정치나 사회, 교육 문제에 대해 줄기차게 떠들어대는 그를 이길 수 없다. 그러니까 당신은 행동으로만 반격을 가할 수 있을 뿐이다.

그가 당신의 삶을 방해하지 못하게 하려면 친절하지만 단호한 태도로 행동해야 한다는 것을 명심하라. 예컨대 뜬구름 잡기 달인인 남편이 소비 풍조에 대해 설교를 시작하면 상냥하게 미소를 지으면서 이렇게 말하라. "그래요. 소비사회는 이미 심각한 문제죠." 그러고는 아이들을 데리고 기분 좋게 백화점으로 쇼핑을 하러 가는 것이다. 이처럼 뜬구름 잡기 달인은 자신의 환상 세계에 빠져 있게 놔두고 당신은 행동하는 즐거움을 마음껏 누리면 된다.

뜬구름 잡기 달인 대처법

- 그를 설득하려 들지 말라.

- 모호한 그의 말을 역이용하여 대응하라.

- 그가 떠드는 동안 당신은 행동하며 문제를 해결하라.

9장

미디어 몬스터에서
빠져나와라

"천국을 지옥으로 만드는 미디어 몬스터는 유치한 트릭을 써서
긍정적인 호기심을 부정적인 감정으로 바꾸는 재주가 있다."

다른 기분 도둑들과는 달리 미디어 몬스터는 우리 주위의 사람들이 아니라 여러 가지 보조 수단을 이용해 우리에게 접근한다. TV나 신문, 라디오, 컴퓨터 등을 통해 미디어 몬스터는 우리 집안으로 살금살금 기어들어 와 어느새 우리의 삶을 점령해버리는 것이다. 이 기분 도둑은 기회만 있으면 우리의 감정을 멋대로 조종하려 든다. 우리는 미디어 몬스터에게 재미나 기분 전환, 또는 정보를 원하지만 미디어 몬스터는 그런 데에는 관심이 없다. 그를 따라가다 보면 오히려 비극적이고 슬픈 느낌이 드는 감정의 싸움터로 내몰리거나 정보의 홍수 속에 빠져 정신이 없어진다.

정보의 홍수 속에서 허우적거리다

저녁에 모처럼 시간 여유가 좀 생겨 느긋하게 휴식을 취하고 싶어진 당신은 소파에 편하게 자리를 잡고 앉는다. 그리고 리모컨을 손에 쥐고 이리저리 채널을 돌리기 시작한다. TV를 켜는 건 너무나 쉬운데 다시 끄는 건 너무나 어렵다. 리모컨으로 채널을 다 돌려보았지만 재미있는 영화도 없고 관심 있게 볼 만한 프로그램도 없다. 그래서 다시 한 번 리모컨으로 채널을 돌려 보다가 싫증이 나면 그제서야 아무 데나 채널을 고정시킨다. 아니면 이 방송 조금 보다가 저 방송 조금 보다가 하는 식으로 계속 채널을 돌려댄다. 딱히 볼 만한 방송은 하나도 없지만 계속 바꿔가면서 보니 그래도 참아줄 만하다.

그러다 잠시 후 TV에 도대체 볼 만한 게 없다는 사실에 화가 나기 시작한다. 이어서 또 다시 바보상자 앞에 달라붙어 있는 자기 자신한테도 화가 나기 시작한다. 그 와중에 온갖 미디어 매체를 통해 주워들은 수많은 정보의 조각들이 머릿속에서 활동하기 시작한다. "이상기후로 인한 재난을 과연 막을 수 있을까? 내일부터 나도 실업수당 수급 대상자가 될 수 있으려나? 청소년 범죄가 계속 늘어만 가는데 마음 놓고 밖을 돌아다닐 수 있을까?"

TV를 끄고 나서도 머릿속에서 벌어지는 논쟁은 끝날 줄을 모른다. 하지만 혼자 머리를 싸매고 고민해봤자 이 세상을 바꿀 수는 없으니 다 소용없는 일임을 깨닫는다. 결국 남는 것은 의기소침하고 무기력한 느낌, 세상은 엉망진창이라는 사실뿐이다.

이렇게 해서 미디어 몬스터는 또다시 자신의 임무를 성공적으로 수행했다. 이 기분 도둑은 긴장을 풀고 싶다거나 정보를 얻고 싶다는 우리의 바람을 악용하여 우리 머릿속으로 몰래 기어들어와서는 사악한 게임을 벌인다. 우리로 하여금 더 이상 본연의 욕구에 신경 쓰지 못하게 만들려는 목표를 달성한 셈이다. 게다가 미디어 몬스터는 우리의 신경을 다른 곳으로 돌릴 뿐 아니라 다른 사람의 문제나 근심거리까지 떠안겨서 우리의 불안감을 가중시킨다. 그러면 우리는 또다시 잡다한 고민에 사로잡혀 밤늦게야 잠을 청해보지만 이런저런 생각에 도통 잠을 이룰 수가 없다.

정보를 찾는다는 명목으로 하는 인터넷 검색도 미디어 몬스터가 선호하는 게임 도구 중 하나다. 이 기분 도둑은 우리의 결정을 더 쉽게 해줄, 중요하고 흥미로운 정보를 주겠다고 약속한다. 하지만 그 약속은 우리가 정보의 홍수에 휩쓸려 어디가 어딘지 더 이상 알 수 없게 되는 것으로 끝나기 마련이다.

우리가 마침내 인터넷에서 원하는 정보를 찾고 나면, 계속해서 다른 사이트들을 클릭해보도록 유혹한다. 다양한 사이트가 줄지어 열린다. 선택 가능성은 무궁무진하다. 다양한 견해와 생각 그리고 비결 같은 것들이 마치 하나의 거대한 퍼즐처럼 우리 앞에 놓여 있다. 하지만 절대로 그 전체 퍼즐을 완성시킬 수는 없다. 이상하게도 퍼즐 조각의 수가 자꾸만 늘어나기 때문이다.

그러다 언젠가는 온통 나무만 보일 뿐, 숲이 더 이상 보이지 않게 되어 자포자기하는 순간이 온다. 전체적인 방향감각을 잃고 정처 없이 정보의 숲에서 헤매는 것이다. 그러면 우리를 지켜보던 미디어 몬스터는 또다시 우리가 그의 유혹에 넘어간 것을 보고 기뻐한다.

정보의 천국, 감정의 지옥

미디어 몬스터는 정보화 시대에 만연한 현상이다. 새로운 기술은 우리를 기만할 수 있는 다양한 가능성을 이 기분 도둑에게 부여하고 있다. 미디어 몬스터는 TV나 인터넷을 이용할 뿐만 아니라 카카오톡이나 문자, 이메일, 동영상 등을 통해 능숙하게 우리한테 영향을 끼치기도 한다. 문제는 우리가 어째서 그토록 쉽게 이 몬스터에게 좋은 기분을 빼앗기게 되느냐는 것이다.

그 답은 미디어 몬스터가 우리가 가진 호기심을 자신한테 유리하게 이용한다는 데 있다. 사람들은 일반적으로 자신의 주변 환경에 대해 더 많이 알고 싶은 욕구를 가지고 있다. 소문이나 수다가 미디어 시대에 와서야 비로소 성행하기 시작했다고 생각한다면 오산이다. 원시 시대에도 우물이나 불을 피우는 장소에 모이면 최근 이야기나 잡담을 서로 주고받았기 때문이다. 남의 불행을 보고 좋아하는 것이나 경멸, 조롱, 시기심, 질투와 같은 감정은 그 옛날에도 이미 익숙한 것이었다. 그리고 때로는 진심 어린 동정이나 진정한 연민 같은 것도 있었다.

삶의 도전을 받아들이고 문제를 해결하기 위해서는 새로운 정보를 얻는 것이 중요하다. 상황에 따라 어떤 사람은 최신형 스마트폰을 가장 저렴하게 구입할 수 있는 방법에 관심이 있는가 하면, 또 어떤 사람은 남아프리카로 휴가를 떠나기에 가장 좋은 계절이 언제인지 알고 싶어 한다. 정치, 경제, 사회 분야의 최신 뉴스는 물론이고 알레르기 치료나 중요한 패션 트렌드, 최근의 자동차 테스트에 대한 정보를 궁금해하는 사람들도 있다.

그래서 흔히들 '정보를 많이 알고 있어야 해!'라든가 '적어도 다른 사람들과 대화는 통할 수 있어야지!'라는 생각을 가지고 있다. 그런데 바로 그런 생각이 미디어 몬스터가 침입해 들어오는 관문이다. 정보를 향한 우리의 욕구를 악용해서 우리 삶 속으로 파고들어 오는 것이다. 이 몬스터는 자신이 가진 정보들이 마치 지식에 목마른 우리의 갈증을 해소해줄 수 있는 오아시스라도 되는 양 우리를 현혹시킨다. 하지만 사실은 오아시스가 아니라 한낱 신기루에 지나지 않는다. 미디어 몬스터는 이 신기루로 우리를 사막으로 유인한 다음, 우리 눈에 모래를 뿌리고는 앞이 안 보여 우왕좌왕하는 우리를 보고 좋아한다. 우리는 점점 더 많은 정보를 얻기는 하지만, 결국 같은 자리에서 계속 맴돌기만 하다가 새로운 지식은 찾아도 찾아도 끝이 없다는 씁쓸한 깨달음을 얻는다. 답을 얻기는커녕 수백 가지 새로운 의문이 머릿속을 가득 채울 뿐이다.

하지만 미디어 몬스터는 우리를 혼란에 빠뜨리는 것만으로는 성에 차지 않는다. 그는 완전히 지칠 대로 지쳐서 바닥에 나동그라지는 우리의 모습을 보고 싶어 한다. 그래서 차고도 넘칠 만큼 많은 정보뿐만 아니라 감정의 덫이라는 교활한 무기도 즐겨 사용한다. 이 기분 도둑은 우리를 여기저기로 몰고 다니며 객관적인 보도라는 미명 하에 불행한 사고나 운명의 장난, 대재난, 스캔들 따위를 우리 눈앞에 들이댄다. 그러다 보면 어느덧 우리 마음속에는 세상이 너무나 험악해서 더 이상 살 만한 곳이 못 된다는 느낌이 자리를 잡기 시작한다.

프로 불만러와 마찬가지로 미디어 몬스터는, 사람들이 나쁜 소식에 즉각적으로 반응하기 때문에 불행한 이야기로 우리 마음속 깊이 파고들 수 있다는 사실을 잘 알고 있다. 그렇게 이 기분 도둑에게 말려들면 삶에 긍정적인 측면도 있다는 것을 잊어버리고 만다.

자신의 삶에서 아름다운 순간을 의식적으로 찾아내기란 결코 쉽지 않은 과제다. 게다가 미디어 몬스터의 손에 이끌려 전 세계의 불행한 일들만 계속 접하다가는 세상을 늘 비판적으로 바라볼 수밖에 없을 것이다.

사람들은 남의 불행을 그냥 지나치지 못하고 동정심을 갖는 본능이 있다. 그와 같은 연민 자체는 좋은 특성임에 틀림없다. 하지만 다른 사람들의 근심이나 고난에 계속 휘둘리다가는 언젠가 자신의 행복마저 잊어버리게 될지도 모른다. 그것이 바로 미디어 몬스터가 노리는 목표다.

세상은 왜 이 모양이야!

미디어 몬스터가 얼마나 빨리 우리를 자기 덫에 걸려들게 하는지 의식하지 못할 때가 많다. 우리는 정보나 기분 전환을 원하는 우리의 욕구에 너무 잘 휘둘린다. 그리고 그 끝은 다음 사례가 보여주는 것처럼 결국 혼돈으로 마무리되는 것이 보통이다.

기분 도둑 이야기

벌써 오래전부터 팀은 그의 하루가 불행으로 가득 채워지기를 기대한 사악한 마법사, 그러니까 미디어 몬스터의 영향을 받고 있다.

아침은 라디오 알람 소리로 시작한다. 잠시 음악이 흘러나오고 곧 뉴스가 이어진다. 유가가 또 올랐다는 소식에 팀은 주유비가 더 많이 들겠다고 생각한다. 물가는 하늘 높은 줄 모르고 치솟고 주식은 바닥이다. 일기예보를 들어보니 바이오리듬도 엉망일 것 같다. 정체되는 곳은 하나도 없을 거라는데, 막상 출근길에 나서면 완전히 딴판일 것이다.

나쁜 소식으로 충분히 귀를 채우고 팀은 주방으로 간다. 거기엔 그의 스마트폰이 기다리고 있다. 스마트폰을 켜자마자 표시되는 카카오톡 메시지가 스트레스를 준다. "또 누구야? 꼭 이렇게 아침 일찍부터 보내야 하는 거냐고. 조용히 커피 한 잔 마시게 놔두면 안 되나?"

신문을 대충 훑어봐도 그의 기분을 좋게 해줄 만한 내용은 전혀 없다. 비행기 추락, 홍수, 아시아의 전염병 등이 신문의 머리기사를 장식하고 있다. 정치 상황에 대한 사설은 팀과 견해가 다른 누군가에 의해 쓰여 있다. 그걸 보니 또 화가 치민다.

언짢은 기분으로 회사에 도착한 그는 메일 함을 보고 기분이 더 나빠진다. 이렇게 원치 않는 스팸 메일이 들어오는 걸 왜 아무도 어쩌지 못하는 걸까? 내가 어제 보낸 메일이 다시 되돌아온 건 또 뭐고? 그리고 내가 필요로 하는 메일은 왜 아직 안 온 걸까?

이제 기분이 좋아질 만한 일이 좀 있었으면 좋겠다고 생각하는 순간 그의 스마트폰과 사무실 전화가 동시에 울린다. 그의 혈압은 오르고 기분은 가라앉는다. 하루 종일 이런 상황이 반복된다. 이제 자기 머리가 어디에 붙어 있는지조차 알 수 없는 지경이 된 그는 퇴근 시간이 되기만 애타게 기다린다.

지칠 대로 지쳐서 집에 돌아온 팀은 잠깐 인터넷 서핑을 하면서 휴식을 취하려고 컴퓨터를 켠다. 하지만 어느새 그는 인터넷 경매 사이트에 들어가 눈을 뗄 줄 모른다. 그리고 자신이 경매에 열을 올린 나머지 너무 높은 가격을 제시했다는 사실에 기분이 상한다. 다른 인터넷 중개 사이트를 살펴보다가 거기선 그 중고 상품을 절반 가격에 구입할 수 있다는 것을 알게 되었기 때문이다.

이제 싫증이 난 팀은 컴퓨터를 끄고 TV를 켠다. 예산 부족으로 어린이와 청소년 교육에 차질이 빚어지고 있다는 내용의 방송을 보고 그는 화가 나서 참을 수가 없다. 요즘은 왜 아이들 교육도 하나 제대로 못하고 있는 걸까? 현실과 동떨어진 교육 계획이 대체 무슨 소용이 있을까? 그리고 왜 항상 교육에서 예산을 절감하는 걸까?

채널을 바꾸면 기분이 좀 나아질까 싶어 리모컨을 눌러본다. 하지만 늘 그렇듯이 그건 착각이었다. 그의 취향과 맞지 않는 음악 방송이 나와서 오히려 화를 돋우기만 했던 것이다. 그다음 채널에서 방영되는 영화는 그가 벌써 세 번이나 본 것이다. 과학 채널에서는 최신 3D 컴퓨터 그래픽을 이용하여 빙하가 계속 녹는 장면을 재구성해 보여준다. 육지의 많은 부분이 곧 해수면보다 더 낮게 되리라는 사실을 입체적으로 알려주는 것이다. 그 다음에 돌린 뉴스 채널은 국제 테러단의 위협에 관한 스페셜 방송을 내보내고 있다.

이렇게 팀의 하루가 끝이 난다. 시계를 본 팀은 저녁에 이런저런 미디어들을 기웃거린 것이 자신의 기분을 망쳐놓았을 뿐 아니라 소중한 수면 시간까지 앗아가버렸다는 것을 깨닫는다. 팀은 피곤해진 눈을 비비고 미디어 몬스터는 통쾌하다는 표정으로 두 손을 비벼댄다.

혹시 당신이나 당신 주위의 이야기는 아닌가?

미디어 몬스터에게 효과적으로 대처하는 법

미디어 몬스터에게 효과적으로 맞설 수 있는 방법이 뭘까 하고 생각해보면 가장 손쉬운 방법이 퍼뜩 떠오른다. '버튼을 눌러 꺼버리면 되지!' 하고 말이다. 당신도 분명 이 방법을 한 번 이상, 적어도 마음속으로나마 써본 적이 있을 것이다. 하지만, 유감스럽게도 이 방법은 생각만큼 그렇게 간단하지가 않다. 현대사회에서 온갖 미디어 매체의 영향을 완벽하게 차단하기란 사실상 불가능하기 때문이다. 그리고 그것이 어려운 데에는 또 나름대로 이유가 있다.

앞에서 설명한 것처럼 인간은 사회적 동물이라, 새로운 소식이나 소문, 수다, 이야기 같은 것에 언제나 목마르다. 그러므로 미디어의 영향을 최소한으로 줄이고 싶다면 진지하게 정보를 얻고 싶은 욕구과 그냥 한 번쯤 타인들의 감정에 호기심이 생길 때를 구별하는 것이 중요하다.

오늘날 우리에게 문제가 되는 것은 우리의 일상과 무슨 관계가 있는 것도 아닌데 온종일 다른 사람 이야기에 끌려다니곤 한다는 것이다. 유명 연예인들의 이혼이 실제로 우리의 결혼 생활에 무슨 영향을 끼치겠으며, 그들의 도박이나 알코올 중독이 우리 가정을 경제적으로 위협할 리도 없다. 그리고 지구 반대편에서 화산이 폭발한다 해도 우리 머리 위로 화산재가 떨어지지는 않을 것이다.

물론 대재난이나 슬프고 고통스러운 일에 관한 소식이 우리의 마음을 조금도 움직이지 않는다면 그 또한 인간으로서 겸허하게 반성을 해봐야 할 일이다. 하지만 중요한 것은 어떤 정보를 실제로 알게 되는 것과 단지 감정적으로 반응하는 것은 차이가 있다는 사실이다. 그곳에 해결의 실마리가 있다. 현대 미디어 매체의 기본은 감정에 호소하는 것이다. 특히 TV나 인터넷, 화보 잡지와 같은 시각적 미디어라면 더욱 그렇다. 우리가 조심하지 않으면 이런 미디어 매체에 의해 미디어 몬스터가 우리를 정복하고 만다. 이 매체들은 우리에게 어떤 새로운 인식을 가져다주기는커녕 우리를 당황스러움과 감정적 혼란에 빠뜨리기만 할 뿐이다.

그러므로 당신은 스스로의 감정을 미디어 몬스터의 공격으로부터 보호해야 한다. 왠지 기분이 가라앉는 날이라면 제2차 세계대전의 참혹한 실상에 관한 보도를 보고 더 우울해져서는 안 된다. 직장에서 부당한 대우를 받는다는 느낌이 들 때, 글로벌 대기업의 횡포에 대한 기사를 보고 끓어오르는 분노에 기름을 부어서는 곤란하다. 또 몸이 안 좋은 느낌이 들 때, 건강 관련 프로그램에서 이상한 질병에 대해 방송하는 것을 보고 불안한 마음을 더 부채질해서도 안 된다.

미디어 매체를 통해 정보를 얻는 건 사실이다. 하지만 정보라는 것이 실제 사실을 그대로 보여주기보다는 고의적으로 부풀리거나 과장해서, 혹은 드라마틱하게 재구성해서 보여주는 경우가 많다는 것을 명심해야 한다. 이것은 기분 도둑들을 많이 관찰해본 우리 입장에서 볼 때 전혀 놀라운 일이 아니다. 미디어 몬스터의 가장 충실한 동반자가 바로 프로 불만러이기 때문이다. 이 두 기분 도둑들은 사람들이 좋지 않은 소식에 가장 먼저 솔깃해한다는 것을 알고 그것을 적극적으로 이용한다.

그러므로 우리는 프로 불만러에게 대처하는 법을 미디어 몬스터에게도 그대로 적용시킬 수 있다. 이 기분 도둑을 가볍게 가지고 놀 듯이 다루는 게 도움이 된다는 사실을 명심하라. 예컨대 당신이 보고 들은 것을 다음과 같이 마음속으로 평해보라. "나 참,

이것들이 또 이따위 방송으로 눈물샘을 자극하려고 수작을 부리네!" "인간의 존엄성은 일요일마다 방송되는 정치 토크쇼에서만 언급할 가치가 있고, 비극적인 사건의 목격자를 조사할 땐 안중에도 없는 건가? 참 재미있군!"

부정적인 감정을 불러일으키는 보도로 먹고사는 미디어 매체가 많다는 사실을 기본적으로 분명히 알고 있어야 한다. 하지만 우리가 긍정적인 삶의 태도를 유지하려면 나쁜 소식보다는 좋은 소식이 더 많이 필요하다. 좋은 소식은 미디어에서 좀처럼 전해주지 않을 것이므로, 우리가 스스로 좋은 소식을 찾아 나설 필요가 있다. 그러기 위해서는 먼저 정보를 스스로 선별해야 한다. 어떤 정보가 당신의 삶 속으로 들어와 마음을 움직일 것이고 또 어떤 정보가 그러지 않을지를 당신 스스로 결정하는 것이다.

미디어 몬스터는 우리를 끊임없이 감정적으로 만드는 것뿐 아니라 또한 정보가 홍수를 이루게 하는 것으로도 우리의 삶을 방해한다. 정보가 범람하면 현대의 미디어 매체가 지닌 장점이 순식간에 단점으로 바뀌어버린다. 무슨 주제에 관한 것이든 무수히 많은 정보를 접하다 보면 도리어 확신이 사라져 결국 자신이 어떤 결정을 내려야 할지 알 수 없게 된다.

며칠 전에 인터넷으로 주문한 최신형 스마트폰을 어떤 매장에서 더 싼값에 파는 것을 뒤늦게 발견하는 경우는 너무나 흔하다.

그런가 하면 새 컴퓨터를 구입하고 얼마 지나지 않아 더 좋은 컴퓨터를 같은 가격에 살 수 있다는 것을 알게 되는 경우도 허다하다. 또 한참을 망설이던 끝에 거금을 주고 맘에 드는 선글라스를 사서 아주 흡족해하고 있는데 갑자기 스타일 잡지에서 다가오는 시즌에는 모양과 색깔이 완전히 다른 선글라스가 유행할 거라는 것을 보게 되는 경우도 있다.

그런 상황에서 자기 자신에게 화를 내기 시작한다면 당신은 미디어 몬스터의 계략에 넘어가고 마는 것이다. 자신이 내린 결정을 나중에 못마땅해하며 비난하도록 만드는 것이 이 기분 도둑의 전략 중 하나이기 때문이다.

미디어 매체에서 오늘 얻은 정보는 내일이면 '어제 내린 눈'처럼 변한다는 것을 명심하라. 그 점을 이용하여 미디어 몬스터는 자기 자신에게 화를 내게 만든다. 우리는 그 비열한 의도를 꿰뚫어 보아야 한다.

그러므로 결정은 한 번 찍으면 그만인 스냅사진과 같다고 생각하라. 당신이 이미 결정을 내려서 더는 우유부단하게 방황할 필요가 없다는 것에 대해 자부심을 가져라. 물론 이미 내린 결정이 옳았는지 한 번쯤 생각해보는 것도 당신에게 해가 되지는 않을 것이다. 하지만 비판적인 분석이 부정적인 감정으로 흐르지 않도록 주의하라. 당신이 내린 결정에 얼마나 만족하고 있는지를 미디어 몬스터에게 보여주고, 이 기분 도둑이 신경을 긁기 시작하면 단호하게 전원을 꺼버리고 그 악마 같은 존재를 당신의 삶에서 쫓아내라. 달리 말하자면, 스마트폰을 너무 많이 보는 것보다 차라리 창밖을 자주 쳐다보는 게 백번 낫다!

미디어 몬스터 대처법

- 그가 우리의 감정을 자극하려 한다는 점을 명심하라.
- 세상 모든 문제를 당신이 떠맡아서 걱정할 필요는 없다.
- 어떤 정보를 받아들일 것인지 주체적으로 결정하라.
- 자신의 선택에 대해 만족하라.
- 과감히 전원을 꺼버려라.

10장

과거에 사는 꼰대를
제압하라

"과거에 사는 꼰대는 편하고 안전하다는 것으로 우리를 유혹하고
긴장감 넘치는 세계에 눈을 돌리지 못하도록 우리에게 눈가리개를 씌운다."

이제 7대 기분 도둑 가운데 마지막으로 남은 과거에 사는 꼰대
에 대해 알아보자. 이 기분 도둑은 무엇이든 원래 모습 그대로 머
물러야 한다는 아주 단순한 세계관을 가지고 있다. 과거에 사는
꼰대는 변화나 개선 같은 것을 끔찍하게 생각하며 무슨 일이든
항상 똑같은 방식으로 진행되기를 원한다. 이 기분 도둑은 우리
도 그렇게 생각하기를 기대하기 때문에, 창의성이나 상상력, 융
통성 등이 조금이라도 요구되는 일이라면 무조건 질색하게 만든
다. 그렇게 함으로써 이 기분 도둑은 우리의 호기심이나 새로운
것을 발견하고픈 욕구, 무언가를 시험해보면서 느끼는 재미 따위

를 마비시키는 것이다. 과거에 사는 꼰대가 반복이나 단조로움, 지루함 등으로 이루어진 자신의 좁은 틀 안에 스스로를 억지로 끼워 넣는다면 그것이 우리한테 그다지 해될 것은 없다. 다만 문제는 그가 우리도 같이 단조로움의 쳇바퀴 안으로 끌고 들어가려고 계속 애를 쓴다는 것이다.

나 때는 말이야

주위에 과거에 사는 꼰대가 있다면 주의 깊게 관찰해보라. 그는 끝없이 반복되는 일을 영생의 묘약으로 생각하고 있을 것이다. 익숙하지 않거나 다른 것, 혹은 새로운 것을 접하면 그는 위협당하는 느낌을 받는다. 스스로 행동해야 하고 어쩌면 스스로 결정까지 해야 한다는 생각이 그에게 두려움을 불러일으키는 것이다. 사정이 그렇다 보니 그는 차라리 습관이나 관례, 전통 같은 것에 틀어박히는 쪽을 택한다. 그러면 변화에 자신을 맞출 필요가 없기 때문이다. 그래서 이 유형은 지난날을 미화하고 찬미하는 성향이 있다.

옛날에는 정말 천국이 따로 없었다고 그는 확신한다. "삶이 고달프긴 했지만 일상생활이 이렇게까지 불확실하진 않았어. 행동의 여지는 제한적이었지만 대신에 확실한 규칙이 있었지. 옛날에는 누구나 무엇에 따라 행동해야 할지 알았고 똑같이 반복되는 생활에 충실했으니까."

그가 즐겨 쓰는 말들은 '옛날에' '입증된' '아직까지 한 번도' '언제나 꼭'과 같은 것들이다. 그는 일을 할 때 다음과 같은 식으로 우리를 비난한다. "옛날에는 프로젝트 팀 같은 게 없었어도 일만 잘 됐는데." "아주 명확한 책임 원칙이 옳았다는 게 입증되었잖아. 그러니까 그것을 바꿀 필요가 없다고."

한편 일상생활에서는 이런 식으로 못마땅해한다. "아직까지 한 번도 그런 일이 없다가 왜 이제 와서 갑자기 아이들이 일주일에 하루를 숲속에서 놀아야 한다는 거야? 대체 아이를 믿고 맡길 만한 학교는 다 어디 간 거지?" "크리스마스 땐 언제나 꼭 거위 고기를 먹었어. 그런데 왜 갑자기 이번엔 퐁듀를 만들겠다는 거야?"

상대방이 이의를 제기하면 오랜 습관을 고집하는 그의 태도는 더 완강해진다. 조금이라도 여지를 보이면 모든 것이 흐트러질 거라고 생각하는 것이다. 그래서 늘 이런 식이다. "여기서 누구나 자기가 하고 싶은 대로 한다면 모든 게 엉망이 되어버릴 거야. 그러니까 무슨 일이든 내가 언제나 해왔던 대로 해야만 해!"

그는 자신과 뜻이 통하는 사람과 더불어 확실한 규칙이나 분명한 규정 따위를 공유할 수 있을 때 비로소 편안한 느낌을 받는다. 시각의 차이 같은 건 있을 수 없다. 그런 관계에서 그는 자신감과 잘 대접받은 듯한 느낌을 받는다. 그는 늘 하던 대로 하는 자신의 행동 방식 덕분에 모든 것을 통제할 수 있고 어떤 도전이든 확실한 방법으로 맞대응할 수 있다고 생각한다.

그와 같은 생각이 착각임을 우리가 일깨워주려고 하면 순식간에 그는 심기가 불편해진다. 조금이라도 변화나 전환의 기미가 보이는 것이라면 무조건 그에게 거부당한다. 자신에게 익숙한 단조로움에서 벗어나야 할 상황임을 느끼면 그는 소극적으로 우리를 막으려고 하다가 나중엔 적극적으로 방해를 한다.

그는 새로운 방법이나 생각 가능한 대안, 더 나은 조치 등에 관한 논의를 단호히 묵살해버린다. 그뿐 아니라 우리가 지금까지 해오던 것과 뭔가 다른 것을 하고 싶어 할 때마다 적극적으로 방해하여 우리에게 길을 잘못 든 것 같은 찝찝한 느낌을 선사한다. 그는 어떤 변화든 곧 혼돈으로 이어지기 마련이라고 확신한다. 그래서 그는 자기 주위의 모든 것이 익숙한 타성에 젖어 정체될 때까지 계속 노력한다.

습관이라는 틀 안에 갇혀

과거에 사는 꼰대 역시 인간의 본성을 잘 알고 있다. 똑같은 방식으로 반복되는 행동에서 뭔가 안정감을 느낀다는 것을 말이다. 똑같은 일은 어떤 식으로 진행되는지 알고 있기에 매번 처음부터 시작할 필요가 없다. 새로운 것을 결정할 때마다 논거를 모으고 의견을 교환하며 결과를 예측한다는 것은 힘들고 시간을 많이 빼앗기는 일이다. 이럴 때 관례를 따르면 여러 과정이 안전하게 진행되고 결과 예측도 훨씬 수월해진다. 많은 고민이 필요 없는 것이다. 일상생활의 짐을 덜어주는 관습이나 관례, 습관 같은 것이 괜히 있는 것은 아니다. 사실 일상생활의 일부를 늘 해오던 대로 처리하는 것은 우리에게 편안함을 준다.

하지만 우리 대부분은 새로운 것을 발견하고 어떤 일을 시도하며 변화를 즐길 만한 여지도 있기를 원한다. 과거에 사는 꼰대는 바로 그런 여지를 우리한테서 빼앗으려는 것이다. 의미 있는 관례를 따르게 함으로써 우리가 더 편히 살 수 있게 하는 것이 아니라, 억지스러운 관례를 강요함으로써 우리의 기분을 망쳐놓는 것이 이 기분 도둑의 목적이다. 그는 삶의 모든 영역에서 우리를 음울한 지루함으로 유인하려 한다.

그러므로 과거에 사는 꼰대는 항상 똑같은 프로그램을 끝까지 고집하는 노이로제 환자가 된다. 자신이 왜 뭔가를 하거나 하지 않는지, 또 자신의 행동이 적절한지 아니면 시대에 뒤떨어졌는지 따위에는 실제로 관심도 없다. 그는 언제부터인가 고지식한 규칙의 틀에 자신을 억지로 끼워 맞추었고, 지금도 여전히 그 규칙에 따라 행동하는 것뿐이다.

과거에 사는 꼰대는 처음 봤을 때 좀 고집스럽긴 해도 위험하지는 않아 보인다. 직장에서 일을 시작하기 전에 필기구부터 먼저 책상 위에 똑바로 정렬해놓고, 언제나 1초의 오차도 없이 정확하게 오전 간식 시간을 챙기는가 하면 매년 같은 시기에 같은 장소, 같은 호텔, 같은 방에서 휴가를 보냈던 얘기를 하곤 한다. 당신은 그 이야기를 들으며 좀 특이한 사람이라고 슬쩍 미소를 짓고 넘어갈지 모르지만, 우리는 아무리 해될 것이 없어 보여도 그 음흉한 위험성에 대해 충분히 대비해야 한다.

그는 관례나 규칙에 상당히 강한 애착심을 가지고 있기도 해서, 특히 다음과 같은 말을 좋아한다. "난 언제나 그렇게 해왔어!" "그건 당연한 일이 아니야!" "잘못되는 것보단 확실한 게 좋아!" 그의 삶은 뫼비우스의 띠처럼 끝없이 돌고 돈다. 그에게서는 발전이라는 것을 찾아볼 수 없게 된 지 이미 오래다. 그는 과거에 멈춰버렸고, 그의 삶은 끝없는 반복으로 점철되고 있다. 그러므로 변화는 그에게 공포 그 자체다. 그뿐 아니라 그는 주위 사람들이 새 지평을 여는 것까지 온 힘을 다해 막으려고 한다. 당신은 새로운 시도를 할 때마다 그의 반대에 부딪힐 것이다.

이렇게 과거에 사는 꼰대는 사람들을 끊임없이 반복되는 행동에 전적으로 의지하도록 만들 뿐 아니라 호기심까지 완전히 몰아내버린다. 다른 방식으로 시도해보라거나 익숙하지 않은 상황에도 적응을 해보라는 식의 권고를 받아도 구속이나 규정, 습관의 틀에서 벗어날 엄두를 내지 못하게 한다.

또한 과거에 사는 꼰대는 문제가 생겼을 때 '똑같은 것을 더 많이' 원칙에 따라 그것을 해결하라고 종용한다. 과거에 사는 꼰대가 이 원칙을 당신에게 주입하는 데 성공한다면 당신한테는 정말 끔찍한 결과가 초래될 것이다. '똑같은 것을 더 많이' 원칙이란 시급하게 어떤 행동이 요구되는 문제가 발생했을 때 그것을 해결하기 위해 새로운 방법을 모색하는 대신, 애초에 문제를 야기한 행동을 계속해서 그리고 점점 더 강도를 높여 되풀이하는 것을 말한다.

예컨대 직장에서 컴퓨터가 한 달에 한 번 정도 다운된다면 재부팅이 적합한 해결책일 것이다. 하지만 하루에 세 번 이상 컴퓨터가 다운된다면, 재부팅하는 것과 동시에 다른 해결책도 염두에 두어야 한다. 만일 컴퓨터가 5분마다 한 번씩 다운된다면 계속 재부팅해 봤자 금방 다시 다운이 될 테니 그 방법은 더 이상 의미가 없다. 상황이 이렇게 계속 악화되어왔다면 당신은 '똑같은 것을 더 많이' 원칙의 함정에 빠진 것이다. 언젠가는 완전히 먹통이 되어버린 컴퓨터를 들고 직장 동료에게 조언을 구하거나 기술자를 부르거나 포맷을 해야 할 날이 온다. 결국 내키지 않게 새로운 방법을 찾게 되는 것이다.

컴퓨터를 예로 들었을 때는 그래도 과거에 사는 꼰대가 펼치는 '똑같은 것을 더 많이' 전략을 간파하기가 쉬웠을 것이다. 그는 "전심전력을 다하라"든가 "신명을 다하는 모습을 보여달라"는 식의 거창한 말로 우리에게 요구해 온다. 그럴 때 새로운 아이디어나 다른 행동 방식을 이용하여 문제를 해결하든 말든 그것은 그가 알 바 아니다. 그는 단지 우리가 오래전부터 계속해온 헛된 일을 더 자주 되풀이하기를 바랄 뿐이다. 이 전략을 눈치채지 못하면 이 기분 도둑의 수중에 들어가는 것은 시간문제다. 과거에 사는 꼰대가 우리를 직장이나 일상생활에서 쓸데없는 노력에 점점 더 깊이 빠져들도록 만들 것이기 때문이다.

그렇게 되면 우리는 이 기분 도둑의 의도대로 같은 자리에서 계속 맴돌기만 할 뿐, 새로운 대안이나 해결책 같은 것은 생각조차 하지 못하게 된다. 무의미한 노력에 지치고 실패에 좌절해서 결국 실낱같이 남아 있던 좋은 기분까지 모조리 잃고 마는 것이다.

그냥 하던 대로 해!

직장에서뿐 아니라 부부 관계에서도 과거에 사는 꼰대는 위험한 기분 도둑이다. 처음에는 자신의 계획대로 삶을 잘 통제하며 사는 것 같은 느낌이 들겠지만, 시간이 흐르다 보면 부부 관계가 곧 무의미한 형식적 관계로 경직되어버린다. 다음에 소개하는 사례는 이 기분 도둑의 수중에 완전히 들어가면 활기나 즉흥성, 창의력 같은 것까지 다 잃어버리게 된다는 것을 잘 보여준다.

악셀은 아주 확고한 생각과 분명한 규칙에 따라 생활하고 있다. 그는 자기가 이 부부 관계에서 자신의 마음을 충분히 표현하고 있으며 아내 니콜이 원하거나 필요로 하는 것을 잘 들어주는 편이라고 생각한다.

금요일 점심 때 사무실에서 주말에 대한 기대감에 약간 마음이 설레기 시작하자 그는 곧 경계심이 들어 마음을 다잡는다. 그처럼 설레는 감정은 적당히 조절되어야 하기 때문이다. 그는 다시 평상심을 찾고, 매주 그랬던 것처럼 익숙하게 주말 계획을 세운다.

집에 돌아온 악셀은 현관에 막 들어선 니콜에게 이런 말로 인사를 대신한다. "첫 번째 옷걸이는 내 외투를 걸기 위한 자리라는 거 알지? 당신 목도리를 제발 다른 옷걸이에 걸면 안 될까?" 악셀을 많이 겪어본 니콜은 (두 사람의 평화를 위해) 별말 없이 그가 원하는 대로 해준다.

니콜이 차를 마시러 주방으로 향하는 동안 악셀은 벌써부터 주말 계획을 실천에 옮기느라 여념이 없다. 먼저 그는 거실 테이블 위에 놓여 있는 우편물을 체계적으로 정리한다. 그렇게 해놓으면 니콜이 우편물을 순서대로 파일에 철하기가 쉬울 것이다. 그리고 니콜이 우편물을 정리하는 사이 그는 신문을 날짜별로 정리해서 한데 묶어 재활용에 내놓을 생각이다.

그런데 유감스럽게도 평화로운 저녁 분위기가 삐걱거리기 시작한다. 신문을 정리하던 악셀이 목요일자 신문을 찾지 못했기 때문이다. 악셀은 요일별로 완벽히 맞추지 못한 신문을 재활용에 내놓는 건 있을 수 없는 일이라며 고집을 피운다. "어디선가 나오겠죠. 이번만 예외로 신문을 묶지 말고 따로 내놓으면 어때요?"라는 니콜의 말도 그를 진정시키지는 못한다. 악셀은 고집스럽게 신문을 찾기 시작한다.

온 집 안을 이 잡듯 샅샅이 뒤졌으나 목요일자 신문은 감쪽같이 사라지고 없다. 그는 이제 니콜에게 몇 마디 잔소리를 하지 않을 수 없다고 생각한다. "니콜, 우리가 신문을 항상 소파 옆 테이블 위에 올려놓기로 한 거 잘 알잖아. 부탁인데 다음부터는 우리가 정한 것에 좀 더 신경을 써줬으면 좋겠어. 그래야 우리 둘 다 편해질 테니 말이야."

니콜은 어이없다는 듯 살짝 눈을 돌리기는 했지만 그의 잔소리를 태연하게 참아낸다. 그런 다음 그녀는 그가 쌓아놓은 우편물 더미 안에 파묻혀 있던 목요일자 신문을 아무 말 없이 그에게 건넨다.

잠시 후 악셀은 사랑하는 니콜과 함께 뜻깊은 주말을 보내야 하는 자신의 의무를 지키고자 이렇게 말한다. "내일 장을 보기로 한 거 잘 알고 있지? 뭘 사야 할지는 생각해놨어? 살 물건을 미리 적어 가지 않고 우왕좌왕 다니느라 길에서 시간을 낭비하고 싶지는 않거든. 빨리 장을 봐야만 저녁 시간을 편안하게 보낼 수 있잖아. TV에서 하는 퀴즈 쇼도 봐야 하고."

토요일 저녁에 퀴즈 쇼를 보자는 얘기에, 니콜은 한 번쯤 예외로 영화를 보러 갈 수도 있지 않냐고 조심스럽게 이의를 제기한다. 그러자 악셀은 늘 하던 대로 단호하게 잘라 말한다. "니콜, 우리가 TV 프로그램 잡지를 사는 이유가 뭐겠어? 그걸로 미리 계획을 세울 수 있기 때문이야. 내가 5일전부터 얘기했잖아. 퀴즈 쇼는 자기가 항상 즐겨 보는 방송이니까 이번 주말에는 그 퀴즈 쇼를 보자고."

사실은 친한 친구들이 이번 토요일 저녁에 같이 영화를 보고 술집에 들러 간단히 한잔하면 어떻겠냐고 제안해 왔다는 니콜의 말에, 악셀은 이해할 수 없다는 듯 이렇게 대꾸한다. "니콜, 적어도 일주일에 하루 저녁은 우리 둘만의 시간이어야 한다는 점에 동의했잖아. 그리고 우리한테는 토요일 저녁밖에 같이 보낼 수 있는 시간이 없어. 가뿐하게 새로 일주일을 시작하기 위해서 나는 일요일 저녁에 일찍 잠자리에 들어야만 하니까 말이야. 그러니 토요일은 우리가 같이 집에서 퀴즈 쇼를 보는 것이 좋겠어."

니콜은 그의 말에 대꾸하기를 단념해버린다. 악셀이 그녀한테서 마지막으로 들을 수 있는 것이라고는 방문이 나지막하게 닫히는 소리뿐이다.

혹시 당신이나 당신 주위의 이야기는 아닌가?

과거에 사는 꼰대에게 효과적으로 대처하는 법

과거에 사는 꼰대를 다룰 때 방금 이야기한 사례에서처럼 소극적으로만 대처할 필요는 없다. 그러니까 계속 참기만 하거나 도피라는 최후의 수단을 쓸 필요는 없다는 것이다.

기본적인 전략은 다른 기분 도둑들을 다룰 때와 마찬가지다. 이미 과거에 사는 꼰대가 가지고 있는 가치관을 뒤집어놓으려고 애쓰면 실패하리라는 것이다. 이들은 자신의 습관에 익숙해진 지 오래되었다. 그러므로 당신은 그를 바꾸기보다 그를 대하는 당신의 반응을 바꾸는 것이 현명하다.

그가 단지 좀 고집스러워서 자신에게 익숙한 습관에 매달리는 것이라면, 당신은 관대하게 그냥 싱긋이 웃고 넘어가도 좋을 것이다. 이 미소는 한편으로 당신의 상황이 어떠한지 알려주는 판단 기준이 되기도 한다. 이 유형의 별난 행동이 아직까지 당신에게 미소를 자아내는 한, 대체적으로 큰 문제가 없기 때문이다.

그러나 도저히 미소를 지을 수가 없다면 이야기가 달라진다. 과거에 사는 꼰대가 당신의 삶을 통제하려 하여, 당신한테 행동의 여지를 주지 않는 것이 그런 경우다. 그럴 때는 당신이 처음부터 맞서서 저지해야 한다.

예컨대 "그건 안 돼. 우린 늘 다르게 해왔으니까"라고 누군가 버틴다면 간단히 이렇게 맞설 수 있을 것이다. "우리는 늘 이렇게 해왔는 걸. 그러니 이렇게 해도 돼!" 쓸데없는 논쟁을 벌이지 말고 당신도 똑같이 습관이나 관례를 내세워라. 그는 당신이 자신의 주장을 순순히 받아들이지 않아서 내심 못마땅할 테지만, 당신도 그 자신과 마찬가지로 고집스럽게 원칙을 지키며 살고 있다는 것을 존중할 것이다.

또 하나의 방법은 당신의 주장을 그가 받아들일 수 있도록 그럴듯한 말로 포장하는 것이다. 예를 들어 직장에서라면 이런 식이다. 직장에서 과거에 사는 꼰대인 동료가 개선이나 변화에 반대를 하고 나설 경우, 그냥 '새로운 습관'이 도입되는 것뿐이라고 강조하라. 그러고는 다음과 같은 설명을 덧붙일 수 있다. "회사는 이 새로운 지침이 습관처럼 실천되기를 기대하고 있어. 그러니 우리가 적극적으로 동참해야 해." "인사부가 우리 부서의 혼란스러운 분위기를 탐탁지 않게 생각하고 있어. 그러니까 무슨 일이 있어도 새로운 습관을 정착시켜야 해."

권위자를 들먹이는 것 또한 과거에 사는 꼰대를 다루기에 적합한 방법이다. 그냥 진지한 얼굴로 '권위 있는 미국의 과학자'나 '최근의 연구 결과'를 들먹이기만 하면 된다. 혹시 상대방이 불만을 표시하더라도 망설이지 말고 천연덕스럽게 이야기하라.

집에서는 다음과 같은 식으로 대처할 수 있다. "칫솔을 머리가 밑으로 향하게 해서 양치 컵에 꽂아두는 것을 당신이 얼마나 중요하게 생각하는지 나도 잘 알아요. 그런데 미국의 권위 있는 위생학자가 알아낸 바에 의하면 칫솔 머리가 위를 보게 꽂아두어야 칫솔이 잘 말라서 세균이 번식하지 않는대요."

때로는 과거에 사는 꼰대와의 피할 수 없는 접촉을 자기 발전에 도움이 되는 창의성 훈련의 기회로 삼을 수도 있다. 이를테면 다음과 같은 이야기를 꾸며내는 것이다. "오후에 사람들을 만나는 것이 당신 마음에 들지 않는 일이라는 건 나도 잘 알고 있어요. 하지만 최근 연구에서 밝혀진 바로는 우리 선조한테 그랬듯이 우리한테도 밝은 낮에 사람의 얼굴을 보는 것이 중요하다네요. 그리고 어두워지고 나서는 더 이상 텔레비전을 보지 않는 게 좋대요. 우리 선조들도 해가 지고 나면 컴컴한 어둠 속에서 살았으니까요."

그럴듯하게 논거를 대는 것이 그들에게 얼마나 효과가 있는지 당신도 깨닫게 될 것이다. 그와 같은 이야기를 할 때 단호한 목소리로 이야기하면서 상대방의 눈을 똑바로 쳐다본다면 더욱 효과적이다. 만일 그때 그가 '미국의 학자'가 도대체 누구냐는 둥, '최근 연구 결과'를 발표한 사람이 누구냐는 둥 당신에게 캐묻는다면 당황하지 말고 꿋꿋하게 밀고 나가라. "그야 유명한 미국의 아이비리그 교수들이지"라든가 "물론 막스 플랑크 연구소지. 그 연구소는 전 세계적으로 인정받고 있잖아"라는 식으로 말이다.

과거에 사는 꼰대가 당신도 타성으로 끌어들이려 한다면 변화로 맞서라. 예컨대 주변의 동료 직원들 가운데 과거에 사는 꼰대가 있다면 직장에 계속 뭔가 변화를 주도록 신경을 써보라. 어떤 주에는 행운의 마스코트를 당신 책상 위에 놔두는가 하면, 다음 주에는 당신이 가장 사랑하는 사람들의 사진을 세워놓고, 또 다음 주에는 조화를 갖다놓는 것이다. 한편 벽에는 포스터를 자주 바꿔 걸거나 창문가에 꽂아놓은 꽃을 주기적으로 갈아주기도 하고 당신 모니터의 화면 보호기를 계속 다른 것으로 바꿔주기도 하라. 그처럼 계속 이어지는 변화에 지쳐 그는 당신의 삶을 얽어매려는 계획을 포기하게 되거나, 혹은 스스로 혼란스러워져 늘 따르던 습관의 틀을 혼자서라도 유지하기 위해 애를 쓸 것이다. 어느 편이든 그가 당신에게 신경 쓰는 일은 줄어들 것이고, 그러면 당신은 조용히 자기 일에 집중할 수 있을 것이다.

한편 과거에 사는 꼰대와 접촉하는 것을 저주가 아니라 축복으로 이용할 수 있는 영역도 있다. 특히 당신이 자신의 게으름을 확실하게 극복하고 싶다면 이 유형과의 접촉을 시도해볼 만하다. 예를 들어 규칙적으로 조깅을 하겠다고 계획을 세운 사람에게는 그가 도움이 될 수 있다. 과거에 사는 꼰대라면 날씨나 기분, 컨디션 등 그 어떤 것에도 영향을 받지 않고 정확한 시각에 당신의 집으로 와서는 상냥하면서도 단호하게 같이 운동을 하기로 한 약속을 지키라고 재촉할 것이기 때문이다. 지칠 줄 모르고 귀찮게 볶아대는 그 사람 덕에 운동을 지속해서 할 수 있다면 당신의 기분은 오히려 좋아질 것이다. 이런 경우만큼은 시종일관 가차 없는 태도로 당신을 대해준 그에게 조금이나마 고마운 마음을 가져도 되지 않을까 싶다.

과거에 사는 꼰대 대처법

- 그의 세계관을 바꿔놓으려고 애쓰지 말라.
- '새로운 일'을 '새로운 습관'으로 포장하여 건네라.
- 권위자의 견해를 들먹이라.
- 의식적으로 변화를 실천하라.
- 긍정적인 습관을 들이는 데에 이용하라.

11장

기분을 지키면
무엇을 얻을까?

"냉정하게 말해서 행복하게든 또 불행하게든
자신이 원하는 대로 살 권리는 누구한테나 있는 법이다.
당신은 행복하게 살기로 선택하라."

　당신도 이제 7대 기분 도둑이 어떤 식으로 사람들에게 접근하고 어떤 교활한 술수를 쓰며 어떤 식으로 다른 사람들한테서 삶의 의욕을 완전히 몰아내버리려고 하는지 알게 되었을 것이다. 또한 우리는 좋은 기분을 공격당할 때의 대처 방법도 설명해주었다. 당신은 이제 심지어 당신 스스로의 무기로 기분 도둑들을 물리칠 수 있을 것이다. 자, 그렇다면 기분 도둑들에게서 기분을 지키고 나면 당신은 무엇을 얻게 될까?

그럼에도 좋은 사람들은 있다

우리는 새로운 관계를 맺고 싶은 마음에 잘 모르는 사람에게 호의적인 태도로 접근할 때가 많다. 사람은 사회적 동물이라서 천성적으로 호기심이 많으며 남들과의 교류에 기본적으로 관심이 있기 때문이다. 하지만 그런 대화가 예기치 않게 우리 마음에 들지 않는 방향으로 전개될 때가 가끔 있다. 어쩌면 대화를 나누는 동안 기분이 점점 안 좋아져서 그 자리를 박차고 나가고픈 마음이 굴뚝 같아질 것이다. 이때 그 느낌을 좀 더 진지하게 받아들일 필요가 있다. 어쩌면 당신은 지금 당신의 좋은 기분을 망치고자 하는 사악한 기분 도둑과 맞닥뜨린 것일지도 모르니 말이다.

우리의 바람은 당신이 앞으로 기분을 망치는 주범과 맞닥뜨렸을 때 지금까지보다 더 빨리 알아차릴 수 있었으면 하는 것이다. 그러면 당신은 재빨리 거리를 두거나, 공격을 피하거나, 아니면 무의미한 갑론을박에서 벗어날 수도 있다.

기분 도둑을 만나도 흥분하지 않고 침착한 태도를 유지할 수 있는 경지에 올랐거나 심지어 그들이 어떤 전략을 쓸지 이미 짐작하기 때문에 가볍게 미소까지 지을 줄 아는 사람이라면 자기 자신의 무기를 이용하여 기분 도둑을 물리칠 수 있다. 이를테면 프로 불만러에게 더 우울한 이야기를 늘어놓는 것이나 불신 끝판왕에게 소심한 그의 세계관이 옳음을 확인시켜주는 것, 잘난 척쟁이에게 짧은 격언 한마디로 자제를 요구하는 것, 급한 약속이 있다면서 안달복달 바이러스를 피해 가는 것, 뜬구름 잡기 달인이 늘어놓은 설교를 지적함으로써 그의 공격을 차단하는 것, 감정적으로 과장된 이야기에 코웃음을 침으로써 미디어 몬스터를 무력하게 만드는 것, 과거에 사는 꼰대를 스스로의 융통성 없는 규칙 안에 그대로 가둬놓는 것과 같은 무기 말이다.

우리의 경험으로 볼 때 사람들은 기분 도둑을 상대할 때 대부분 지나친 이해심과 인내심을 가지고 상대하기 때문에 어려움에 빠진다. 그들은 누군가 부정적인 세계관을 강요하려 들 때 친절하게 귀 기울여주고, 사람들을 혼란스럽게 만들 뿐인 사고방식을 공감하려고 애쓰는가 하면, 절망과 무기력감만 남을 때까지 계속 제자리에서만 맴도는 갑론을박에 기꺼이 응하기도 한다. 기분 도둑을 다룰 때 관용을 베푸는 것은 무의미한 일이다! 기분 도둑의 관심사는 같이 즐거운 시간을 갖거나 어떤 목표를 이루기 위해 노력하는 것이 아니라 오로지 부정적인 감정을 확대 재생산하여 불쾌한 감정에 푹 빠지게 만드는 것뿐이기 때문이다.

혹시 관계를 맺는 일에 실패하거나 대화가 잘 풀리지 않았을 때 그 원인을 당신 자신에게 돌려 자책하지 말라! 세상에는 대화를 할 때 당신을 존중해주거나 좋은 감정이 생기게 하는 것 따위는 안중에도 없고, 단지 자신들의 우울한 세계관을 전파하는 것에만 관심이 있는 사람들도 있다는 사실에 익숙해져야 한다. 알겠지만, 그들은 대부분 기분 도둑이다.

하지만 그렇다고 해서 만나는 사람마다 회의적인 태도로 대한다면 그 또한 옳지 못하다. 그러면 불신 끝판왕이 되어버릴 수도 있다. 우리는 다른 사람들의 이야기나 생각, 체험 등을 들어줄 마음의 준비가 되어 있을 때 진짜 흥미진진한 삶을 누릴 수 있다. 그러므로 우리가 진정으로 행복하기 위해서는 위험을 감수하고 첫걸음을 내디뎌 지금까지 알지 못했던 사람들한테 접근할 필요가 있다.

우리가 수년에 걸쳐 얻은 확신이 있다. 새로운 관계를 맺는 데 관심이 있는 한 기분 도둑을 간단히 피해버릴 수는 없다는 것이다. 그러나 이해득실을 따져본 결과 위험을 감수할 만한 충분한 가치가 있다. 사람들은 많고, 좋은 사람들을 만날 기회도 많다. 호감과 관심을 이끌어내는 좋은 사람들에 비하면 가끔 만나게 되는 기분 도둑은 상대적으로 소수에 불과할 수도 있는 것이다.

또, 영락없이 기분 도둑인 것처럼 보이던 사람이 사실은 단지 운 나쁜 며칠을 보낸 탓에 조금 의기소침해진 것뿐일 수도 있다. 그러니 마음을 열고 사람들을 대하라. 당신은 이미 기분 도둑의 정체와 전략을 알고 그들을 물리치는 방법도 알았으니, 두려움에 빠져 숨어버릴 필요는 없다.

기분 도둑을 피할 수 없다면

직장이나 친인척 관계에서, 또는 여가 시간을 보낼 때 즐겁고 생산적인 어울림이 몇몇 기분 도둑에 의해 피해를 입는 경우가 있다. 아무리 천국 같은 곳에도 불신 끝판왕이나 조급증 환자, 프로 불만러가 몇몇은 있게 마련이다. 수프 안에서 머리카락을 찾다가 결국엔 발견해내는 사람들은 예전부터 있었다.

이 세상에는 근심 걱정이나 두려움, 불행의 검은 구름이 지평선에 나타나야 비로소 감정이 활성화되는 사람들이 있다. 하지만 그들이 두려운 나머지 아무것도 뚫고 들어오지 못하는 갑옷을 입으려는 것은 어리석은 일이다. 그렇게 되면 느긋한 분위기와 기분 좋은 야단법석, 바보 같지만 유쾌한 짓거리로 가득한 행복한 순간의 달콤한 느낌까지 포기해야 할 테니까.

직장에서나 그룹으로 여가를 즐기는 자리에서, 또는 가족 모임에서 기분 도둑과의 조우가 예상되는 상황이라면, 당신은 이제 전보다 훨씬 잘 맞설 수 있을 것이다. 그러므로 두려워하지 말고 마음을 열라. 기분 도둑의 음흉한 게임이 무엇을 노리고 있고 어느 구석으로 당신을 몰고 가려 하는지 당신도 잘 알고 있으니 말이다. 뿐만 아니라 당신은 그들의 수법을 무시하거나 미연에 방지하는 법, 혹은 똑같은 수법으로 반격을 가하는 법에 대해서도 잘 알고 있다.

직장이나 일상생활에서 누가 기분 도둑에게 붙잡혀 있고 또 누가 그렇지 않은지 당신 혼자서 판단할 수 없는 상황도 분명 있으리라. 하지만 잘 모르고 기분 도둑과 접촉했다 하더라도, 이제 당신은 몇 번의 말다툼만으로 그에게 끌려들어 함께 낙심하는 일은 절대 없을 것이다. 되도록 기분 도둑으로 의심되는 사람보다, 사물의 긍정적인 측면에 더 관심이 있으며 기분 좋고 호의적인 사람들과 접촉할 기회를 찾아보라. 그런 사람들은 생각보다 많이 있다.

지속적으로 당신의 기분을 도둑질해 가려는 사람이 있다면, 최악의 경우 결단을 내려야 한다. 분위기가 살벌한 직장이나 경쟁심과 시기심이 지배하는 동아리에, 당신을 격려하기보다는 풀 죽게 만드는 것을 더 좋아하는 지인이나 허울 좋은 친구는 얼마든지 있게 마련이다. 그런 경우에는 과감하게 관계를 정리하라. 냉정하게 말해서 행복하게든 또 불행하게든 자신이 원하는 대로 살 권리는 누구한테나 있는 법이다. 당신은 행복하게 살기로 선택했으므로 끊임없이 삶의 기쁨을 앗아 가려 하는 자들과의 관계는 끊어버리라.

변화를 시도하는 시기가 당신에게 더 많은 노력을 요구하겠지만, 결국에는 노력을 기울이는 만큼 충분히 보상을 받을 것이다. 자신을 행복하게 만드는 사람과 그렇지 않은 사람에 대한 느낌만 갖게 되어도 좋은 기분을 계속 유지할 수 있다. 이때 당신이 무엇을 유의해야 하는지에 대해 잠깐 살펴보자.

행복한 순간을 더 많이 갖는 법

만족스러운 순간이 더 많고 행복한 느낌이 더 자주 드는 삶에 이르는 각자의 길은 당신 스스로 찾아야 한다. 당신도 기억하겠지만, 그것이 바로 행복 찾기의 본질이며, 스스로 그 길을 찾지 않으면 권위적으로 강요된 행복에 이를 수 있기 때문이다.

행복한 순간을 더 많이 가질 수 있는 간단한 요령 한 가지를 가르쳐주려 한다. 신경에 거슬리는 7대 기분 도둑과 같이 있을 때보다 훨씬 더 편안한 느낌을 당신에게 주는 사람들이 분명 있을 것이다. 간악한 7대 기분 도둑과 상극을 이루는 이 사람들이 바로 당신의 삶에 편한 느낌과 즐거움 그리고 밝은 햇빛을 가져다주는 사람들이다. 되도록 그들과 어울리도록 노력하라.

주변 사람들 가운데 누가 끊임없이 푸념을 늘어놓지 않고 긍정적인 사건에 대해 이야기하며 삶의 도전에 당당하게 맞서는 것을 기뻐하는지 한번 주의해서 살펴보라. 마찬가지로 줄기차게 똑똑한 척하는 사람 대신 당신을 진지하게 받아들이고 당신의 말을 들어주려고 하며, 당신의 생각과 경험에도 관심을 가지고 있는 사람과 대화를 나누라. 정신없이 분주하게 만들려는 사람은 멀찌감치 피해 가는 게 상책이다. 그보다는 부서지는 파도에도 끄떡없는 바위처럼 인격적으로 조화를 이룬 사람과 어울리는 편이 낫다. 말만 늘어놓으며 뜬구름만 잡는 사람은 무시해버려라. 그보다 신중하고 자신의 말에 책임을 지는 사람들과 같이 있을 때 당신은 훨씬 더 편안할 것이다. 그칠 줄 모르는 정보의 홍수에 잠기는 대신, 댐을 쌓아 당신 소유인 행복의 섬을 감정적 범람으로부터 안전하게 지켜야 한다. 그리고 지루하게 늘 똑같은 습관의 굴레에 갇히는 대신, 당신의 호기심에게 흥미진진하고 새로운 세상을 알아갈 기회를 더 자주 베풀어주는 것이 좋다.

공적인 행사, 사적인 파티, 직업상의 모임과 같은 자리에서 이 교활한 친구들을 지켜볼 기회가 생길 때마다 우리의 얼굴에는 가벼운 미소가 번질 것이다. 그리고 우리는 알겠다는 듯 고개를 끄덕이며 이렇게 생각하리라. '그래, 프로 불만러가 또 나타나셨군. 나를 비탄의 골짜기로 끌고 가려고 말이야.' '이놈의 안달복달 바이러스와 함께하는 한, 아무리 기다려도 쉴 시간은 오지 않을 걸!' '저 뜬구름 잡기 달인은 자기가 설교한 것을 반만이라도 실천에 옮겨봐야 한다니까!'

기분 도둑들을 상대할 때 고소한 기분을 느끼는 것은 옳지 못하다. 당신도 우리와 마찬가지로 누군가가 불행해지기를 원하지는 않을 테니까. 하지만 기분 도둑을 더 잘 다루고 자신의 행복을 더 잘 지키려면 이들로부터 어느 정도 거리를 유지할 필요가 있다. 그러므로 다음과 같은 말을 가슴에 깊이 새겨두기 바란다. '사람들을 진지하게 받아들이되, 그들이 당신을 대하는 만큼만 진지하게 대하라!'

12장

혹시 나도
기분 도둑?

"떨리고 긴장되는가? 우리의 대답은……."

사실 우리는 이 의문에 답하는 것을 피해 갈 수 있기를 바랐다. 그런데 우리 책을 출간한 캄푸스 출판사의 경험 많은(그리고 우리를 대할 때 언제나 긍정적인) 율리안네 마이어 편집자가 초고를 읽고 나더니 "우리 모두의 마음속에도 악마가 깃들어 있을까?" 하는 의미심장한 의문을 제기한 것이다.

나도 누군가의 기분을 빼앗을 수 있다

우리가 이 의문을 피하고 싶었던 데에는 그럴 만한 이유가 있었다. 심리학을 전공하는 대학생들은 첫 학기부터 인간은 다른 사람의 부정적 특성은 비판하는 반면 자기 자신한테는 긍정적인 특성이 있다고 생각한다고 배운다. 그리고 너무나 인간적인 이 인식은 일상생활에서 타당성이 있는 것으로 입증되고 있다.

다시 말하자면 '다른 사람들은 악하고, 우리는 선하다!'고 생각한다는 뜻이다. 그래서 사람들은 나 아닌 다른 사람을 향한 충고로 여겨지는 조언에 귀를 더 잘 기울인다.

반대로 자기 자신을 비판적인 시각으로 자세히 들여다보려면 외부로부터 어떤 자극이 주어져야 한다. 개인적인 상담 시간이나 세미나에서 우리가 지키려고 애쓰는 원칙 가운데 하나가 '사람들에게 진실을 말하고자 할 때는 그들을 웃게 만들어라! 그러지 않으면 그들은 귀를 닫아버린다!'라는 것을 당신도 기억하고 있으리라.

기분 도둑의 사악한 행위와 대처법에 대한 설명이 끝나자 당신은 일단은 맞다는 듯 고개를 끄덕였을 것이다. 그러고는 이런저런 부분에서 가볍게 미소를 짓거나 킥킥거리며 웃는가 하면, 때로는 큰소리로 한바탕 웃어젖혔을 수도 있다. 그러다가 어느 순간 멈칫하고 이런 의문이 들지도 모른다. '잠깐! 이건 나잖아?! 그럼 나도 가끔 기분 도둑이 된다는 건가? 내 기분뿐만 아니라 다른 사람의 기분까지 훔쳐 간다고?'

그 의문에 대한 답변은 유감스럽게도 짧고 분명한 '예'다. 물론 누구나 가끔은 푸념을 늘어놓고, 지나치게 불신하며, 비위에 거슬리게 잘난 척하는가 하면, 조바심으로 안달복달하기도 하고, 말만 그럴싸하게 떠벌리기도 하며, 허위 정보에 휘둘리거나 습관의 굴레에 갇히기도 한다. 그럼으로써 우리는 다른 사람들을 괴롭힐 뿐 아니라 자기 자신을 방해하기도 한다.

하지만 이런 행동이 문제가 되는 것은 아닐까, 하고 스스로에게 의문을 제기하는 것만으로도 당신은 이미 올바른 길을 가고 있다고 말할 수 있다. 경험에 비춰볼 때 자신에 대해 그리고 남에게 미치는 자신의 영향에 대해 깊이 생각하는 사람은 앞뒤 재지 않고 주변 사람들의 기분을 무참하게 짓밟는 사람으로 발전하지 않는다.

우리 모두는 살다 보면 한 번쯤 신경을 곤두세운 채 지내거나 가끔씩 마음의 평정을 잃기도 한다. 그러므로 기분 도둑이 가끔씩 모습을 나타내는 것은 한편으로 너무나 인간적인 일이다. 그럴 때 당신은 너무 비판적인 태도로 자기 자신을 대하지 말아야 한다. 그러지 않으면 당신 자신의 일시적인 감정적 혼란 때문만이 아니라 당신이 화가 났다는 것 때문에 더 화가 치미는 상황이 벌어질 수 있다. 누구나 순간적으로 혼란스러울 수 있고, 그것이 만성적으로 지속되지 않는 한 정상이라는 사실을 기억할 필요가 있다.

그러므로 자기 자신에게 지나치게 엄격해서는 안 된다. 그보다는 못된 악마가 안간힘을 다해 당신을 자기 편으로 끌어당기려는 상황을 예리하게 탐지해내는 감각을 키우는 것이 좋다.

이제부터는 당신이 기분 도둑의 공격을 받았을 때 일단 한 걸음 옆으로 비켜선 다음, 살짝 미소를 머금고 이런 생각을 하게 되리라. '그래, 그래, 기분 도둑이 나를 손아귀에 넣으려고 또 수작을 부리는군. 오늘은 미안하지만 장단을 맞춰줄 마음이 없어. 저리 가!'

우리의 삶은 지속적인 노력을 통해 아름답고 행복해질 수 있다. 그리고 그 또한 흥미진진한 일이 아닐까 싶다.

우리는 모두 나름의 행복을 갖고 산다

우리는 지금보다 더 많은 사람이 자기 주변에 있는 기분 도둑을 인식하고 재치 있게 대처해서 더 많은 만족감과 조화 그리고 마음의 평화를 얻었으면 하는 바람으로 이 책을 썼다.

우리가 볼 때 사람들은 혼자 세상을 살아가지 않는다는 사실을 간과해버릴 때가 너무나 많은 것 같다. 원만한 관계와 행복한 순간을 더 많이 얻기 위해 혼자 애쓰는 것에는 분명 한계가 있다. 특히나 계획적이든 또는 그럴 의도가 없었든 우리의 기분을 망쳐놓는 사람을 만나면 여지없이 그렇게 되고 만다.

기분 도둑들이 바로 우리 옆에 있을 수도 있다는 사실을 깨닫는 것이 처음에는 좀 충격적일지도 모르겠다. 하지만 당신이 자유와 행복을 되찾고 싶다면 반드시 그 사실을 알고 있어야 한다.

행복 훼방꾼들에게 계속 이리 밀리고 저리 밀리는 한, 당신은 행복한 삶에 대한 스스로의 생각에 집중할 수가 없다. 그러므로 당신의 눈을 멀게 하여 행복을 보지 못하게 하려고 안간힘을 쓰는 교활한 훼방꾼의 손아귀에서 벗어나야 한다.

기분 도둑들을 떨쳐내고 그들의 유해한 영향으로부터 벗어난다면 당신은 자유롭게 자기 나름의 행복을 향해 갈 수 있다. 그리고 행복을 향해 가는 길에 당신 혼자가 아님을 곧 알게 될 것이다. 당신과 같은 생각을 가지고 행복한 순간과 만족감을 더 많이 누리고 싶어 하는 사람이 많이 있기 때문이다.

삶에 변화를 주는 것이 반드시 부단한 노력이나 힘든 고생과 결부되어 있는 것은 아닐 것이다. 기분 도둑을 만났을 때 살짝 미소를 짓는 것만으로도 큰 도움이 되니까 말이다. 기분 도둑의 공격을 무력화시키기 위해 마음속으로 한 걸음 옆으로 비켜서라. 당신이 다른 사람의 게임 규칙을 쉽게 허용하지 않게 된 것을 자축하라. 그리고 무엇이 당신에게 이로운지 스스로 판단하는 기쁨을 맛보라.

그런 의미에서 다시 한번 강조하건대, 기분 도둑이 당신의 행복을 빼앗도록 놓아두지 말라!

크리스티안 퀴트예르, 우베 슈니르다

호시탐탐 나를 노리는 **일곱 가지 기분 도둑** 퇴치하기
단호하고 뻔뻔하게 내 기분 지키는 법

초판 1쇄 발행   2020년 2월 20일

지은이   크리스티안 퓌트예르, 우베 슈니르다
옮긴이   박정미

펴낸이   신민식
펴낸곳   가디언
출판등록   제2010-000113호(2010.4.15)
주 소   서울시 마포구 토정로 222 한국출판콘텐츠센터 306호
전 화   02-332-4103
팩 스   02-332-4111
이메일   gadian7@naver.com
홈페이지   www.sirubooks.com

ISBN   979-11-89159-51-1 (03190)

이 도서의 국립중앙도서관 출판예정도서목록(CIP)은 서지정보유통지원시스템 홈페이지
(http://seoji.nl.go.kr)와 국가자료공동목록시스템(http://www.nl.go.kr/kolisnet)에서
이용하실 수 있습니다.(CIP제어번호 : 2020004997)

* 이 책은 2011년 출간되었던 《기분도둑》(좋은생각)을 재출간한 것입니다.